はじめての明治史

東大駒場連続講義

山口輝臣 編　Yamaguchi Teruomi

★──ちくまプリマー新書

312

目次 * Contents

講義の前に――疑問からはじまる明治史への誘い

山口輝臣

歴史の教科書はおもしろいですか？　あるいは、おもしろかったですか？

おもしろいという人。おもしろかったという人。あなたは、教科書の読み方のコツを、すでに身に着けています。すぐに講義に進んで結構です。ワクワクしながら読みすすめられることを請け合います。

そうでない方。きっとこちらが多いはず。教科書ってどんな印象ですか？

どうも味気なくって、読んでいても途中でボーっとしてしまい、集中できない。とくに歴史は、太字を覚えなくてはというプレッシャーで、一向に楽しめなかった。なるほど、なるほど。耳の痛い話です。

それなのに、この本を手に取ってくれたんですよね。ありがとう！　期待をヒシヒシと感じます。それに応える努力を精一杯しますので、よろしくお願いします。

コツさえつかめば教科書はおもしろい

と言っておいて、いきなりケンカを売るようで恐縮ですが、教科書は、そんなにヒドイものではありません。問答無用におもしろいかと訊《き》かれると、正直ビミョーですが、日本の中学・高校の歴史教科書は結構よくできています。むしろだからこそ、つまらなく思われてしまうと言った方が、正確です。どういうことかって？

授業のうまい学校の先生たちは、間違いなく教科書をよく読んでいます。むろんそれだけではありません。ほかにもいっぱい勉強しています。なので、ときには教科書の問題点も指摘します。「ここに載っているのは古い説で、最近では……」といったように。それによって生徒の興味を引き付けるのです。効果もあるでしょう。ただ、そんなことは教科書もお見通し。日本の歴史教科書は、エッセンスを伝えることに神経を集中していて、なんでもかんでも載っているという方向は、はじめから諦《あきら》めています。だって、そんな辞典みたいな教科書があっても、厚くて重くて、面倒なだけでしょう。

そのかわり、大切なことだけ、しかしそのほとんどすべてが詰まっているようになっています。魅力的な先生は、教科書のそうした特徴を活かして、そこに独自の色を着けることで、上手に授業をしているのです。やり方次第で魅力的になるということは、もとの教科書も、ちゃんとしたものに違いありません。要するにそれは読み方次第。ちょっとしたコツなのです。

あるいは、ほとんどまったく暗記を必要としないＴＫ大学の日本史の入学試験問題。見たことありますか？　すべていわゆる論述問題で、年号を答えたり、人名を穴埋めしたりといったことはまず出ません。かなり癖のある問題で、はじめて見ると驚くに違いありません。ただ、どう答えていいのか、すぐには思いつかないような問題も、赤い本やら青い本やらの解説を読むと、教科書の知識だけで解ける、と書いてあります。ＴＫ大学の日本史は、けっして教科書からはみ出ることはなく、それをもとに歴史的思考力を働かせれば、実は誰にでも解けるという定評のようです。

あの大学がそうした出題をしているというのは、聞いたわけではないので、当たっているかどうかは知りませんが、日本史の知識は教科書程度あればまずは十分で、それをもとに受験生の考える力をみてみたいと、出題者は思っているのかもしれません。教科書にはそれだけのものが備わっているとの評価なのでしょう。ただ、そこからプラスαを引き出すためには、ちょっとしたコツが要るかもしれません。

もうひとつ、ここしばらく「もう一度読む」シリーズという本がベストセラーになっていることを知っていますか？　皆さんが使っていたり、使ったりしたことのあるYK出版社の高校用の教科書に、ひと手間加えて大人用に売り出したところ、売れに売れ、累計で一三〇万部を突破したそうです。うらやましい。教科書嫌いの人にすれば、なんでそんなものが、と思うでしょう。ただ大人になって読み返してみると、経験というか、成長というか、かつてなら気付かなかったようなことにも反応できるようになっていて、案外おもしろく読めるんですよ、これが。ただそのためには、そしてとりわけ年の功がない場合には、ちょっとしたコツが必要になります。

つまり歴史教科書もそう捨てたものじゃない。現場の先生も、歴史学者も、その価値は十分に認めている。現にそれをおもしろく読んでいる人も数多くいる。そして、ここが大切なところですが、歴史教科書を読むコツは、歴史を学ぶ、ないし歴史に学ぶコツでもある。重要なのは、そのコツがつかめているかどうか。

さて、どうやったらコツがつかめるんでしょうか？

コツをつかむには疑問から

コツをつかむ方法はひとつに限りません。別の方法もあるでしょう。

ただ今回試みたのは、素朴な疑問に答える形で授業を組み立ててみることです。素朴ではあっても本質的な問いをとりあげ、それに対し、現在もっともすぐれた研究をされている歴史家に、最新の成果に基づいて答えてもらいました。多分これがもっとも真っ当で効果的だと考えてのことです。なぜかって？　うまく表現するのは難しいですが、それが好奇心という、人間の本質的な部分に、働きかけるやり方だからだと思います。

赤ちゃんは成長していくにつれ、なんでもかんでも不思議がって、どうしてどうしてと、尋ねるようになるますよね。多分あれと同じで、学問のはじまりも好奇心です。歴史学も例外ではありません。

そして好奇心の基本は疑問形でしょう。最初はおそらく、自分はどうしてここにいるのか、といったあたりにはじまって、やがて自分の血族や地域、民族や国家の由来といった方向に広がっていったのでしょう。さらに知識が増えると、どうしてローマは滅んだのかとか、どうしてモンゴル帝国はあんなに大きくなったのかというような疑問も出てきます。素朴な疑問の探求にはじまり、さらにそのことであらたな疑問が湧《わ》き、今度はそれについて考え……歴史学は、そんなことを繰り返しながら、だんだんと今日のような姿をとるようになりました。

そうした成果が蓄積されていくとどうなるか？　歴史学のみならず、学問一般がそうでしょうが、あらかじめ先回りして、もともとの疑問にも結果的に答えているような形で、その成果だけを淡々と記すものへと成熟していきます。

分かりやすくするために、理系の有名な例をあげましょう。万有引力についての教科書の記述を思い出してみてください。万有引力の説明が過不足なくされるだけで、リンゴがなぜ落ちたのかという疑問とそれに対する答えといった話はでてきませんよね。成果だけを淡々と記すことで、疑問に先回りして答えてしまうとは、こういったことをいいます。

教科書というのは、人間が好奇心に基づいて発した疑問に、実はしっかりと答えています。ただ、きれいに答えすぎたばっかりに、もともとあった問いそのものが隠れてしまったのです。おかげで、好奇心を発揮しようにも、取りつく島がなくなってしまいました。教科書にしばしば貼られる無味乾燥といったレッテルは、この点と深く関係しています。

第一線の歴史家がその疑問に答える

ここまで来ればもうお分かりでしょう。教科書をおもしろく読むコツとは、そのなかに問いと答えを読み取ることになります。教え方のうまい先生は、そうした問いを掬《すく》い出して、魅力的な授業を展開しているのです。また前に触れた大学の入試問題も、何々なのはどうしてか、といった形の問いが主流です。そして多くの大人が「もう一度」教科書を読んだのは、大人になって、あらためてさまざまなことを疑問に思い、その解答をそこに見出そうとしたからでしょう。

まずは教科書の背後に隠れてしまった疑問を浮かび上がらせることです。これも簡単ではありません。ただし一人でも不可能ということはありません。より難しいのは、当然ながら、それに的確に答えることです。

そこでこの授業では、第一線で活躍する歴史家をお招きして、それに正面から答えてもらうことにしました。なかなか贅沢《ぜいたく》な授業でしょう。

具体的にはまず、明治の歴史のなかで、疑問に思っていることを生徒さん・学生さんに挙げてもらいました。そしてそれらをもとに、あえてそれ以外のものも加え、厳選した以下の六つの問いを立てました。「幕府はどうして倒れたのか?」「武士は明治をどう生きたのか?」「内閣制度はなぜ導入されたのか?」「華族とはいかなる人たちなのか?」「日露戦争はどうして起きたのか?」「明治はどのように終わったのか?」。

皆さんが疑問に思ったことのあるものもあるでしょうし、当たり前すぎて考えたことすらなかった疑問もあるかもしれません。もちろんこの六つで明治史が言い尽くせるわけではありません。ただこれらが、明治の歴史を考える上で、重要な疑問であることは間違いありません。本書には、この六つの問いについて、それぞれを担当した講師が正面から答えた講義と、その際に学生とのあいだに交わされた質疑応答を収録しました。まずは、皆さんも連続講義に出たつもりになって、読んでみてください。疑問が解かれていくうちに、さまざまな発見があり、思いもしなかったつながりを知り、明治史の醍醐味を体感できるはずです。そして本書を読み終えたら、ここで学んだことをもとに、ご自身で問いを立て、その答えを模索していってみてください。明治史のおもしろさ、そして歴史学のおもしろさに、必ずや気づいてもらえるものと確信しています。

＊

よし、分かった。楽しみに読むことにしよう。でも、いったいどうして明治史なのか――すばらしい質問です。そして連続講義は、この疑問からはじまります。

第一講

どうして明治史なのか？

山口輝臣

こんにちは。今日からはじまる連続講義「はじめての明治史」の企画をした山口輝臣《てるおみ》です。どうぞよろしく。

「はじめての明治史」は、今日を入れて全部で七回。そう回数の多い授業ではありません。ただその分、それぞれの回を充実させていきたいと考えています。そのためには、受講生のみなさんの協力が欠かせません。疑問が湧いたら、積極的に手をあげて質問してください。講師もしっかりと答えることをお約束します。そうしたやりとりを通じて、内容の濃い、そして楽しい授業を一緒につくっていきましょう。

さて、本日はイントロダクション、導入となります。本格的に明治史の講義がはじまるのは次回からですが、その前に、どうして明治史なのか、なぜそんなものを取り上げるのかについて、簡単に見ていこうというのが、今回の趣旨です。初回ということもあり、早めに終わる予定ですので、今日はゆっくりお昼を食べられると思います（笑）。

明治史とは？

さて、この連続講義は「はじめての明治史」という題目ですが、明治史という言葉を聞いた印象はどうでしたか？　どなたか？

――普段の学校の授業では聞きなれないので、ちょっと新鮮な感じがしました。

この授業に相応《ふさわ》しいたいへん素晴らしい印象です（笑）。なるほど、みなさんにとってはそうかもしれません。

歴史を細かく「なんとか史」と分けていく場合、まずは地域で割るのが普通です。東洋史とか西洋史、フランス史とか日本史といったものです。さらにそれを政治史や経済史などと区分することもあります。分野ないし領域の歴史で、文化史は覚えることが多いから苦手だとか、そんな話をしたことのある人もいるでしょう。これに対して、古代史、中世史、近世史……といった時代ごとの歴史もあります。これらはいろいろと組み合わせることができて、たとえば、○○先生の専門は日本近代政治史だ、と言ったりします。

明治史というのは、そうしたものとの関係で言えば、日本近代史という「地域＋時代」による歴史の、さらにそのうちの明治という元号だった時期の歴史であると言って、大きな誤りはないでしょう。明治史と近代史とでは、対象とする時期の長さ、普通は明治の方が近代より短いと考えますが、そうした違いがあるほか、近代はいつからいつまでと考えるか諸説あるのに、明治の始まりと終わりは明確であるといった違いなどもあります。明治のはじまった年を西暦で言うと一八六八年、その最後の明治四五年は一九一二年ですので、その間の四五年ほどの歴史ということになります。

ただし明治史といっても、厳密に明治時代だけに限定し、その前後には一切触れないというのは、現実的ではありません。来年（二〇一九年）の話を例にとると、途中の四月いっぱいは平成史で、五月一日からは○○史——何となるんでしょうか——と、四角四面に切り分けることに、あまり意味はなさそうですよね。それと同じことで、明治史でも、その前後は融通を利《き》かせ、必要に応じてとりあげるのが一般的で、この連続講義でも、とくに第二講と第七講はそうなるはずです。しかしそれでも、基本的に、明治史とは、明治という元号の時代の日本の歴史と言ってよいでしょう。当たり前と言えば当たり前のことですが……。

明治史は変化の時代

さて、そうした明治史を、どうしてわざわざこの連続講義で取り上げるのでしょう？　どうして明治史なのか？

いろいろな説明があり得ます。ここでは、三つの理由から迫ってみましょう。そのうちの一つでも二つでも、「なるほど」と納得し、明治史を勉強しようという気持ちを高めてもらえれば、今日の講義は成功です。

一つ目の理由は、明治史が変化の時代であることです。

数字的に分かりやすい例で行くと、まずは「国土」。明治元年、すなわち一八六八年の日本国の面積は、推計で約三八万平方キロメートル。それが明治末年、すなわち一九一二年になると約六七万平方キロメートルで、七五パーセントほど増えています。主な理由は、台湾・樺太《からふと》・朝鮮という植民地の獲得です。明治より以前には植民地など保有していませんでした。大正以降に得た南洋諸島などは、面積も小さい上に、委任統治領といって、植民地とは法的な性格が異なります。戦争による占領地は「国土」ではありません。満洲国は別の国家です。そのため「国土」の増加はその大部分が明治に新たに起きたことになります。国の広さが変わるなど、いまではなかなか想像できません。明治以前の人もそうだったと思います。逆に言うと、そうした稀有《けう》な変化が、明治史には起きたことになります。

次に「人口」。それなりに信頼のおける最初の人口統計は明治五年、すなわち一八七二年のもので、約三三〇〇万人。明治末年のそれは約七〇〇〇万人。「国土」の増加にともなう台湾（明治末年で約三二〇万人）と朝鮮（同年で約一四〇〇万人）の住民に加え、それ以外の日本列島――よく「内地」と呼ばれました。同じ年で約五二〇〇万人。なお、「内地」の対語は「外地」です――における出生率の上昇と死亡率の低下による自然増もあって、全体で二倍以上に増えています。平成の場合は、三〇年ほどの期間で一・〇二倍とほぼ横ばい。明治がいかにダイナミックな時代であったかが分かるでしょう。このほか、ＧＤＰや進学率などさまざまな指標で、明治史における巨大な変化を見出すことができますが、時間の関係で先に進みます。数値化できない、あるいは数値化しづらい変化も、負けず劣らず重要だからです。

政治の中心は将軍から天皇に移りました。それから二〇年ほどかけて、内閣を軸に、憲法に則《のっと》り、議会を開き、国民がそれに参加する仕組みへと移行していきます。そのあいだに、大名は消滅し、公家《くげ》とともに華族となります。人口の数パーセントを占めていた武士は特権を失い、士族という名のもと、他の国民と区別がつかないものへとなっていきます。

こうした国内の変化だけでもかなりのものですが、外との関係も劇的に変わります。幕末に西洋諸国と条約を結んで以降、日本は、東アジアの近隣諸国とも同様な関係を構築しようとし、周辺諸国との摩擦を生みます。やがて日清戦争、さらには日露戦争を戦い、台湾や朝鮮を植民地としていきます。

そしてこうした諸変化は、しばしば西洋化と呼ばれるように、西洋をモデルとしたものでした。それまでの時代と比べたとき、これ自体も見逃すことの出来ない変化です。これらのうちいくつかは、次回以降の講義で、正面から、あるいは関連して、取り上げていきます。

変化の時代を見る利点

——明治史が変化の時代であることはよく分かりますし、納得できます。ただ、どうして変化の時代を考える必要があるのでしょうか?

するのは簡単で、答える方は難しいという、厄介な質問ですな。さて、どう答えたものか……変化の時代はおもしろいから、というのでは、ちょっと弱いですかね。ならばこんな解答はどうでしょう。割合と短い時期を見るだけで、複数の時代を理解できて得だから。

学問に得も損もないというのは正しいでしょう。しかし、それに使える時間は無限ではありません。より詳しく、より本格的に研究しようとすると、それなりの時間が掛かります。すべての時期について満遍なく理解するといったことはできなくなり、限定された短い時期を徹底して調べるので手一杯となってきます。研究の細分化という現象です。しかしそうした際でも、それが変化の時代なら、たとえ時期が短くとも、変化する前と後、そして捉《とら》え方によっては、変化している時代と、合わせて二つないし三つの時代について、理解できる可能性があります。それだけで、かなりお得なのではないでしょうか。

明治史＝明治維新史ではない

またその点で、明治史というのは、ちょうどよい規模のように思います。

なぜかと言うと、ここからこっそりと二つ目の理由へと入っていきますが、明治という四五年ほどの時間で歴史を見ることにより、明治史のなかにおけるさまざまな変化というものに、自覚的になることができるからです。

明治の変化というと、どうしてもまず明治維新が思い浮かびます。明治維新とはなにかという問題に深入りすることはしませんが、それが大きな変化を、日本はもちろん、日本を介して周辺諸地域にまでもたらしたことはたしかです。じっくり腰を据えて研究するに値する対象です。しかし、だからと言って、なんでもかんでも明治維新と結びつければ良いというものではありません。

たとえば日清戦争。どうして日清戦争が起きたのかの説明として、最近よく見られるのは、伝統的な東アジアの国際体系に依拠する清国と、それとは異なる西洋型の国際体系を率先して受容し実践していった日本とのあいだで起きた戦争という見方です。こうした見方を無下に否定することはしません。ただ、これでいくと、戦争の原因が、指向する国際体系の相違という相当に原理的な次元の対立にあるとされるため、日清戦争は不可避的なものだったという理解になりやすく、さらに、日本がそうした西洋型の国際体系に触れたのは幕末における条約締結で、それが維新へと繋《つな》がり……と、その過程も必然的であったと考えがちです。ところが、この時期に関する政治外交史の研究によれば、日清戦争より以前、日本と清国の間の外交はほぼ一貫して協調関係にあり、日本で開戦が決意されるのも戦争の直前だったことが知られています。戦争は不可避で必然だったとするのとは違った見方も成り立ち得るのです。しかし、一方、それでも戦争を選んだ、と言うこともできますが。

ここから分かるのは、明治維新以降にあった個々の選択と、それによって起きた変化をしっかり考察していかないと、明治維新でなにもかもが決まったといった一面的な歴史像に陥りやすいということです。明治維新でなにもかも決まったというのなら、そのあとの時代を生きた人たちの努力はどうなるのでしょう?

政治・外交といった明治維新と連関が深そうな領域ですらそうなのですから、思想とか生活とかになると、なおのことその繋がりは薄いものになるでしょう。たとえば、衣食住の西洋化などとよく言います。一八七二(明治五)年の大火のあとに築かれた銀座の煉瓦《れんが》街などが、よく例に引かれます。たしかに大事件です。ただそうした洋風の生活が、国民の多くに影響を与えるようになるのは、早く見積もっても二〇世紀のはじめ、一般的には大正時代に入ってからと見られます。これを、明治維新の影響が生活にまで及ぶのは時間がかかったと考えることもできますが、なにも半世紀も前の革命と結びつけなくとも、生活の変化は別の理由で生じると考えることもできますし、その方が、よりきめ細かい説明が可能です。

革命だけが変化を生むのではありません。それ以外にも種々の理由から多様な層で変化は起き、それが時代を変えていきます。そうしたものを捉えるには、ある程度の期間を設定して考察しなくてはなりません。そうしたことに気付かせ、歴史というものの深淵《しんえん》をのぞかせてくれるものとして、明治史というのは、なかなかよく出来た期間なのです。

一九世紀と明治の差

――さまざまな変化を理解するためには、どうしてもある期間が要るということは分かりました。ただ、それは明治史でなくてはならないのでしょうか？　それ以外のものでも良いように思うのですが？

その通りです。明治史でなくても構いません。実際にそうした試みはいくつもあります。日本近代史などというのも、考え方によっては、そうしたものの一つと見ることもできます。

また、たとえば、元号でなく世紀で区切るという手があります。

私はかつて三谷博《みたにひろし》という先生と、「一九世紀日本の歴史」という題目で授業をやったことがあります。放送大学の授業だったので、テキストも書きました。二〇世紀最後の年の刊行でしたので、ひょっとすると、みなさんが生まれる前の本になるんでしょうか。ちょっと大きく目の図書館に行けば、書庫の片隅に眠っているかもしれません（三谷博・山口輝臣『19世紀日本の歴史——明治維新を考える』放送大学教育振興会、二〇〇〇年）。

いま考えてもこれはかなり大胆な試みでした。日本で一九世紀というと、江戸時代と明治時代の両方が入ってきます。明治維新あたりを境に、近世史と近代史とに分けるのが普通です。そこをあえて一九世紀という時期で区切って考察してみると、明治維新の前（近世）と後（近代）、そしてその移行過程である明治維新とからなる歴史として、描けます。もっとも、かっちり一〇〇年の歴史というのは現実的でないので、おおよそ寛政の改革（一七八七年開始）から第一次大戦（一九一四年開戦）までを、「長い一九世紀」と設定し、その期間の歴史を扱いました。明治維新という変動を考えるに、幕末・維新期とよく言われるペリー来航（一八五三年）から西南戦争（一八七七年）までの二五年ほど——ほぼ四半世紀——では少し短すぎるのではないか、との着想に基づいた企画でした。

おもしろい企画で、準備は大変でしたが、それに見合う成果もありました。明治維新について考えるなら、少なくともこのぐらいの期間は設定すべしとの考えは、いまも変わっていません。意外にきれいな歴史像が描ける点も気に入りました。ただまったく問題がないかというと、そんなことはありません。細かい点ではなく、もっとも大きいと思われるものを一つだけあげると、一九世紀という枠は、あくまでも研究者が頭のなかで考えだした期間であって、残念なことに、同時代の日本を生きていた人の感覚とほとんど接点がない、ということでしょう。

一九世紀の日本を生きていた人びとのほとんどは、自分が一九世紀という時間を生きているとの感覚を持っていませんでした。世紀は、西暦において一〇〇年を単位とする century の訳語で、明治前期に考案され、定着していきました。江戸時代に、キリスト教と不可分な西洋暦に付随する言葉を使うことはありませんでしたし、明治に入って訳語ができても、一部の知識人が使うにとどまり、たとえば、翻訳書を除くと、世紀を題名に含む本はいくらもありません。そのなかで最も有名なのは、徳富蘇峰《とくとみそほう》の『第十九世紀日本の青年及其《その》教育』（一八八五年）でしょう。しかし刷られたのは三〇〇部で、その中身は「天保の老人」に対して「明治の青年」の主張を展開するという、元号に基づいた議論で構成されており、二年後に再刊された際には『新日本の青年』と改題され、そちらで有名になります。

そもそも新聞などでも明治〇〇年とだけあるのが普通で、もしそれに併記されるとしても、いわゆる皇紀。神武天皇即位を紀元とする暦で、一八七二年につくられた暦の方でした。早い話が、西暦の使用は稀《まれ》で、世紀についてなどほとんど考えておらず、誰も一九世紀を生きていなかったのです。この点で、二〇世紀や二一世紀の日本とはまったく異なります。

だから一九世紀日本の歴史を考えるのはおかしいとか、無意味だとかいうことにはなりません。そんなことを言い出したら、縄文時代とか弥生《やよい》時代とかも、すべて駄目となってしまいます。そんなことはさすがに言えませんよね。しかし、一九世紀日本の歴史といった捉え方が、その時代を生きていた人たちの感覚と切り結ばないものであることは、ちゃんと確認しておく必要があります。問うべきは、そうした歴史で良いのか、でしょう。

国民の形成と明治

良くない——という答えが来ると予想した方、残念でした。そうした歴史があって何ら構いません。むしろその時代を生きていた人びとの時間感覚など気にする歴史家の方が、圧倒的少数派だと思います。それに寄り添う必要は必ずしもないでしょうし、そもそも史料の少ない時代や地域なら、そんなことしようと思ってもできません。ただ逆に言うと、そういったところに注意を払っても良いでしょうし、それが可能なら、挑戦しても良いはずです。そしてその価値は十分にあります。

というのは、いつの間にか明治史を取り上げるべき三つ目の理由に入りますが、それが、明治期の変化のなかでも極めて重要と思われる点と、密接な関係を持っているからです。国民の形成と言われていることです。

国民とはなにかということを議論しはじめると、お昼ごはんが遠ざかってしまうので、やめておきます。また江戸時代の日本に国民など存在しなかったというのも、象徴的な表現としてはともかくも、正確とは言えません。しかしながら、明治という時代のあいだのどこかで日本において国民なるものが成立したこと、すなわち、武士が国事を担い、その国事も基本的には藩に限定され、武士以外は国事に関心すら抱いていなかった江戸時代の様相が、日本人であるという意識をもって国のことに関心を持ち、その責任を負担するのを当然視する国民という存在へと変化したこと、そしてその要因として、学校や軍隊をはじめとする明治政府による新たな仕組みに加え、新聞・雑誌というニュー・メディアや自由民権運動をはじめとする在野の諸活動があったことは、現在ほぼすべての歴史家が、程度の差はありますが、前提として踏まえていることです。現在と地続きの時間はここにはじまりました。

そしてそれは、明治という時代を生きているという強い意識を有し、それ以外の時間軸をほとんど想像しないような人びとによって、明治、明治という連呼のなか、つくられていったものでした。日本という空間のなかで、明治という時間のもとに、国民は誕生したのです。そうなったのには、明治にはじまった「一世一元の制」の影響があり、明治が終わることに多くの人が衝撃を受けたのは、そのことと深く関係しますが、このあたりについては、第七講で触れる予定です。

〇〇という時代を生きていると、多くの国民が共有するようになった最初の時代が明治であり、明治とともにそうした時代が訪れたのです。そして同時にそれは、ひとつの同じ時代を生きているという感覚が、もっとも強かった時代であったようにも思えます。そうであるならば、あえて明治という時代にこだわって、当時の人びとと時間感覚をも共有しようとする歴史学、すなわち明治史があっても良いでしょう。それによってはじめて見えてくるものや、見えやすくなるものも、あるに違いありません。どうして明治史なのかに対する三つ目の答えは以上となります。

グローバルな明治史

——明治史の考え方とか、近代史などとの違いは、なるほどと思いました。ただあまりに日本史日本史しているというか、どうもグローバルでない印象を受けます。

「なるほど」と思ってくれたら、今日の授業の目標は達成されたので、もうここで終わってもいいくらいです（笑）。ただそれでは質問を無視したことになって、さすがにまずいので、手短に答えて、講義を終わりにしましょう。

グローバルでなければならないのか、という突っ込みは措くとして、明治史というと、たしかになんとなく内向きの印象を与えるかもしれません。また明治史は、明治というものについて、最低限の知識を持っているか、あるいはそれを最初に提示しないと語れないというハードルがあり、そうした印象を増幅させかねません。日本近代史や一九世紀日本の歴史でも、日本とか近代とか世紀とかに関する予備知識が要るわけですが、明治に比べると、はるかにハードルは低いでしょう。とりわけ日本以外で教育を受けた人たちにとっては、そのはずです。

ただそれは明治史という言葉が与える印象というだけで、中身はまったく違います。具体的にはこのあとの講義に参加してくだされればすぐに分かりますが、まずは外交があります。

「世界の一体化」というたいへん教科書的な言い方があります。一九世紀に入ると西洋諸国が東アジアにまで進出してきて、日本をはじめとする東アジア諸国が、そうした西洋を中心とする世界に組み込まれることで、世界がひとつになった、一体化したという考え方です。これに沿って言うと、日本は「開国」によって世界に組み込まれ、外交を避けることができなくなった、と言うことができます。「鎖国」といっても国を鎖《とざ》しているわけではなく、薩《さつ》摩《ま》・長崎・対馬《つしま》・松前という「四つの口」によって外に開かれていたと、開放性を強調する議論も、一時期は勢力を持ちました。それ自体は誤りではありません。しかし「開国」以後と比べると、それと「四つの口」とでは次元が違うのもたしかでしょう。明治の外交は、文字通り国を左右する存在であり、外交の延長としての戦争は、国のかたち自体を変えていくほどでした。

外交だけが世界のなかで展開されていたわけではありません。内閣制度の導入にあたって、伊藤博文はヨーロッパにわざわざ調査に出掛けます。モデルとして西洋を参照することは、明治日本の常套《じょうとう》手段で、武士や大名・公家といった日本的とも思える人びとの処遇を決める際もそうでした。国内のことを考える際にも、明治の人びとは、世界を視野に入れて考えていたのです。明治が終わるというかにも国内的な出来事についてですら、そうでした。

その意味で、明治史はとってもグローバルなものですし、そうしたものとして接近していかないと、十分に理解することはできないものなのです。名前に迷わされてはなりません。

ごめんなさい、予定より随分と長くなってしまいました。お腹《なか》も減ったので、今日はこれくらいで切り上げましょう。

第二講

幕府はどうして倒れたのか？

久住真也

幕府は倒された？

皆さんは「幕末」と言ったとき、どんなイメージを思い浮かべますか。西郷隆盛・大久保利通《としみち》・木戸孝允《たかよし》の「維新の三傑」でしょうか。それとも、坂本龍馬《りょうま》などの志士と言われる人々の活躍でしょうか。彼らは「倒幕」（「討幕」とも書きます）によって新しい日本をつくろうとしたとよく言われます。幕末と言えば「倒幕」というように、薩長の指導者たちが、時勢に対応できない幕府を倒して明治維新という革命を成功させたというストーリーは、お馴染みではないでしょうか。

しかし、幕府は本当に薩長に倒されたのでしょうか。ちょっと奇抜な問いに思われるかもしれませんが、これは幕末史を考えるうえで重要な問いだと私は考えているのです。まず、基本的な点を押さえておきましょう。歴史学の専門研究では、薩長による組織的な倒幕計画が現れるのは、慶応三（一八六七）年の六月ころと考えられています。その約四カ月後に徳川慶喜《よしのぶ》の有名な大政奉還がありまして、倒幕派は準備していた軍事行動を中止して、戦略の練り直しを迫られました。つまり、倒幕をやろうと思ったけれど、肩すかしを食ったということです。

慶喜の大政奉還は、薩長による倒幕への圧力を受けてのことであることは間違いありません。しかし、その一方で、慶喜は一時的方便で政権を手放したわけでも、再び大政を委任されることを期待したわけでもありませんでした。慶喜はそれから一〇日後に、朝廷に征夷《せいい》大将軍の辞職も願っています。朝廷はしばらく保留しますが、将軍をやめるということは、徳川は単なる一大名になることを意味します。

そして、幕府自体は、それから約一カ月半後の一二月九日の王政復古の大号令（西暦一八六八年一月三日）によって、朝廷の摂関制度などと一緒に廃止されました。学界では王政復古クーデターとか、王政復古政変などと呼ばれます。その理由は、倒幕派と言われる薩摩の西郷や大久保、公家の岩倉具視《ともみ》たちが筋書きを書き、薩摩・土佐以下五藩の兵隊を動員して、禁裏御所《きんりごしょ》（天皇のいた御所）の御門を封鎖し、若い天皇を担いで新政府を強行樹立したからです。この王政復古の大号令で幕府が廃止されたことから、クーデターは「倒幕」とイコールで考えられたりします。

しかし、近年の研究成果によれば、このクーデターは、すでに政権を放棄している慶喜、つまり幕府の打倒を目的に行ったものではありませんでした。朝廷を改革し、天皇を中心とした、「公議」（公家や大名・藩士たちの意見）に基づいて政治を行う政府を樹立することが最大の目的でした。慶喜が大政奉還を行った段階で、政治社会の関心は、朝廷を中心にいかなる政府をつくるか、また誰が主導権をとるか、という点に移行しているのです。

その約一カ月後に起こる鳥羽・伏見戦争も、幕府の復活か、倒幕かが争点ではなく、「ポスト幕府」のあり方をめぐっての争いです。末端の兵士は別にして、慶喜と側近は、幕府を復活させる目的で戦ったとは言えないのです。

「倒幕」の一人歩き

要するに、倒幕のための計画や準備は、幕末の最終段階に存在したけれども、軍事発動は結局ないまま、幕府は勝手に消滅したことになるのです。しかも、倒幕運動が存在したのは、極めて短い期間でした。ペリーが浦賀に来航したのが嘉永六（一八五三）年で、そこから王政復古の大号令まで約一五年あります。その大号令のわずか半年前に現れた「倒幕運動」でもって、幕末を象徴するのは正しいのでしょうか。残りの一四年半はどうなるのでしょう。

そういうと、皆さんの中からは、慶応三年よりも前から倒幕の動きはあったのではないかという疑問が出てくるかもしれません。坂本龍馬が仲介したとされる有名な薩長同盟（学界では薩長盟約ともいいます）は、慶応二（一八六六）年正月のことでした。これによって時代は倒幕へと大きく動き出したと小説やテレビで描かれることがあります。しかし、この密約は倒幕を目指したものではないというのが現在の学界の多数説です。主要な高校の日本史教科書の叙述を見ても、軍事同盟と書いてあっても、倒幕とは書いてありません。

また、それでも倒幕の動きはもっと以前からあったのではないか、という人がいるかもしれません。教科書や歴史の本では、年号でいうと文久から元治（一八六一～一八六四年）という時期に、長州藩などの尊王攘夷《そんのうじょうい》運動が猛威を振るい、幕府を追い詰めたとか、八月一八日の政変で長州藩や公家の三条実美《さねとみ》らが政治の中心から退けられ、その後、長州藩が禁門の変（蛤《はまぐり》御門の変）を起こしたことなども書かれています。それと、倒幕の関係はどうなのかという質問があるかもしれません。

そのように思うのは、多くの人が「尊王攘夷」＝「倒幕」と考えているからではないでしょうか。しかし、それは正しくありません。「尊王攘夷」という考えは、尾藤正英という研究者に従いますと、天皇を中心に国内の領主階級（大名や武士）の結合を強めて、内外の危機に対応することを目指したもので、幕府の存在を否定するものではありません。

幕末期の尊王攘夷論も、幕府が先頭に立って攘夷を行うことを求めました。尊王攘夷を掲げた長州藩は、同時に、朝廷と幕府が一致結合する「公武合体」を望んでいました。この二つも対立的に捉えられる傾向にありますが、国がまとまらなければ攘夷などできませんから、

「尊王攘夷」と「公武合体」は対立ではなく、補完しあう関係です。したがって、「尊王攘夷」＝「倒幕」ということではありません。それは、当時の様々な史料を冷静に読めば実証できることなのです。

また、元治元年の禁門の変も、禁裏御所に向かって攻撃をしかけた長州藩が打倒対象としたのは京都守護職の松平容保《かたもり》（会津藩）でした。会津藩は幕府サイドですから倒幕も同じだと思うかもしれませんが、長州藩では会津藩と江戸の幕府を明確に分けています。

このように「倒幕」という言葉が、実際以上に一人歩きして、幕末とイコールで結んで考える傾向には問題があるのではないでしょうか。

幕府は自ら崩れた

では、薩長が倒したのでなければ、なぜ幕府は倒れたのかという問いが生じます。これを考えるときに興味深いのは、旧幕府関係者が幕府崩壊を指してよく使用した「瓦解《がかい》」という言葉です。例えば、江戸城無血開城で有名な勝海舟や、明治期に政財界で活躍した渋沢栄一などの有名な旧幕臣だけでなく、一般には無名の旧幕臣まで使用例が見られます。

『広辞苑』で「瓦解」を調べてみると、屋根瓦《がわら》が崩れ落ちることを例に、「一部の崩れから全体が崩れること」とあります。その場合、内部の構造上の不備によるのか、外からの衝撃なのかで原因は分かれるでしょうが、「倒れた」というより「瓦解」というほうが、何となく自ら崩れていくようなニュアンスが感じられませんか。この言葉は、辞書の説明では尽くされない、歴史的な経験が色濃く反映したもののように感じます。

慶応三年一〇月の徳川慶喜の大政奉還などを考えると、実際に幕府は自ら崩れたとも言えるわけですが、大政奉還にいたるまでには、様々なことがあります。幕府はペリー来航から始まる政治の流れのなかで、徐々に力を失っていき、最終段階で倒幕の動きがでてきて、その圧力もあって政権を放棄します。倒幕の圧力に屈したのだから、倒されたも同じだという考えもあるでしょう。しかし、このとき、慶喜は側近に対して、決断が一年遅れたと述べたという記録があります。倒幕運動が起こる前に、政権放棄への道筋は、すでに敷かれていたのではないでしょうか。

福地源一郎（桜痴）

それに関連して、旧幕臣で明治期にジャーナリストとして活躍した、福地《ふくち》源一郎（桜痴《おうち》）という人物が書いた『幕府衰亡論』（明治二五年）という本があります。これは、維新史を敗れた幕府の視点から論じた先駆的な著作として有名です。「衰亡」という言葉、またその内容を見ても、幕府自身に崩壊の原因を見ようとする視点が示されています。この福地の著作には、現在でも学ぶことが豊富にあるのです。

幕府は無能の集団か？

この福地は、『幕府衰亡論』のあとに『幕末政治家』（明治三三年）という本も著していますす。その「叙言」に、次のように書いています。

> 徳川幕府の末路といえども、その執政諸有司中あえて全く人材なきにはあらざりき。当時の実況を知らざる論者が、一概に幕府を挙《あげ》てことごとく衆愚の府と見做《みな》し、その行為みな国家を誤り日本に禍《わざわい》して、以《もっ》てついに朝廷の譴責《けんせき》を蒙《こうむ》り滅亡したる者なりと論断するがごときは、浅膚《せんぷ》の見《けん》あるのみ。（岩波文庫版、一一頁）

これが書かれた明治時代には、旧幕府に対して無能集団というレッテル貼りが行われていたことが分かります。福地はこれに反論するわけですが、実際に、今でも「幕府は無策だったから倒れた、倒された」と考えている人が多いのではないでしょうか。

しかし、現在の研究成果によれば、幕府の外交や内政の第一線にあった人々は、有能だったと考えられています。特に、欧米諸国との接触によって脚光を浴びた外交や、西洋の軍事部門では、新しい人材を生み出し、それこそ明治時代にいたっても活躍する人材がいました。彼らは、近世・徳川時代に育《はぐく》まれた学問や思想による世界観で現状を理解しようとし、西洋発、あるいは中国発・経由の海外情報を摂取して、世界情勢や欧米の歴史、軍事力や科学の力も知っていました。

アメリカやロシア、イギリスなどとの交渉でも、幕臣たちは軍事力が劣勢のなかで、国益を維持すべく健闘したと言えます。ペリーに続いて日本に開国を求めてやってきたロシアのプチャーチンを相手に、凜々《りり》しく渡り合った幕臣川路聖謨《かわじとしあきら》の活躍を描いた、作家の吉村昭さんの『落日の宴《うたげ》』という小説などもあります。

また、軍事分野で見ても、長州や薩摩の方が進んでいたイメージがあるかもしれませんが、軍制改革を常に先頭をきって行っていたのは幕府なのです。ペリーが来航して以降、いち早く海軍の育成に注目して長崎海軍操練所を開いたり、軍事改革の拠点としての講武所を築地《つきじ》に整備したりしています。

欧米帰りのエリート

そのほか、欧米諸国との関係が常態化してくると活躍するのが洋学者です。江戸の九段に設けられた蕃書調所《ばんしょしらべしょ》は、のちに洋書調所、続いて開成所になり、東京大学の前身となりますが、幕末期の洋学研究・教育センターでした。ここには、全国の藩から有能な人材が集められ、幕府のお雇いとして活動していました。

さらに、幕末には多くの幕臣たちが外交使節団として欧米に渡っています。条約批准や外交交渉、親善を目的としたものですが、明治四（一八七一）年の岩倉使節団に先駆けて、海外を視察し、有形無形の先進文物を持ち帰りました。その中に、慶應義塾大学の創立者として有名な福沢諭吉がいます。

福沢はもと豊前中津藩士です。蘭学《らんがく》者として頭角を現し、その学問のつてで、咸臨丸《かんりんまる》艦長となった幕臣木村摂津守喜毅《よしたけ》（芥舟《かいしゅう》）の従者になり、万延元年の最初の遣米使節団に参加しました。その後幕府の外交部門の翻訳方に雇われ、文久元（一八六一）年の第一回遣欧使節に加わり、帰国してから幕臣になります。この福沢と同様に、藩と幕府の二足の草鞋《わらじ》を履いた洋学者がたくさん存在したのです。長州藩の蘭学者であった村田蔵六、のちの大村益次郎もそうです。幕府は全国の人材センター的な役割も果たしていたのです。

ちなみに、福地源一郎も、同じく幕府の外交方の役人でして、福沢とは旧知の仲でした。現在、幕臣研究の第一人者である樋口雄彦《ひぐちたけひこ》さんの研究によれば、最末期の幕府には、洋行帰りのエリートや、洋学・軍事・外交などの新分野で活躍するような人々がたくさんいました。箱館五稜郭で新政府と戦争を繰り広げた、榎本武揚《えのもとたけあき》や大鳥圭介以下の明治期に敗者復活を遂げた人々は、三河以来の旗本ではなく、新時代に登場したエリートたちだったのです。

人材だけではありません。幕府の政策が、明治政府によって継承されたものもあります。外交などはまさにそれです。明治政府は幕府が倒れた直後に、幕府が締結した条約を継承する、開国和親の方針を表明しました。これは不平等条約であったことはよく知られていますが、単純に幕府が無能でそれを結んでしまったという見方は再検討されています。果たして、明治政府の人々が、幕末期に同様な事態に直面したならば、幕府が結んだ条約以上のものを結べたか疑問です。幕府の経験が前提にあって、それを批判し、改善するという方向があることを、忘れてはならないと思います。

改革があだになった

このように話してくると、皆さんからは、確かに幕府には優秀な人材がいたことも、政策的にも一概に無策とは言えないのは分かった。でも、それならなぜ幕府は倒れたのか、という質問がでてきそうです。これが大変難しいところなのです。もし、幕府が無能だったら話は簡単で、面倒な説明は不要です。逆に言えば、「幕府は無能だった」という言い方は、複雑な説明を回避するための便利なフレーズなのかもしれません。しかし、それでは、幕末史を本当の意味で理解することにはなりません。

そこで思いつくのは、人材と組織の関係です。たとえ有能な人物がたくさんいても、それだけで組織はすぐれたものにはなりません。人材を生かす組織が求められるのです。福地は先に紹介した『幕末政治家』の文章に続けて、幕府には明治期にも得がたいような人々がいたが、それらが地位を得ても、法令の拘束や党派の争い、目前の情勢に妨げられて力を発揮できなかったと述べています。

また、福沢の自伝である『福翁《ふくおう》自伝』には、福沢が見聞した、慣習や悪しき伝統にとらわれた硬直した幕府組織の様子が活写されています。表では開国主義を装っているけれど、実は「鎖国家の巣窟」「攘夷論の張本」だとして、幕府の保守的な姿勢を批判しています。しかし、実際は、幕府のなかには開国派、攘夷派、その中間というように、いくつかの路線が存在していました。現実の幕府を理解するにはもっと多面的に見なくてはならないと思います。また、福沢には、幕府首脳陣の苦悩などへの理解は見いだせません。

私は今まで、将軍以下老中や、外交・内政の第一線で活動した幕臣たちの動きについて、残された史料を通じて研究してきました。まだ研究途上ですが、幕府は本当に保守的だったのだろうか、という強い疑問を持っています。むしろ逆ではないだろうかと。当時の幕府首脳は、幕府存立のために思い切った改革を断行しました。それは、幕府支配の根幹に抵触するほどの改革でして、福地が『幕府衰亡論』のなかでも指摘しているのですが、その改革が衰亡の道筋をつくってしまったのではないかと考えています。

当事者たちが正しいと思って行った政策が、仇《あだ》になったということは歴史上珍しくありません。以下では、幕末史の森に分け入って、「倒幕」というストーリーとは異なる、幕府崩壊の経路を薄紙を置いてトレースしてみたいと思います。

国内合意形成の失敗

明治維新がいつから始まるかについては、昔から諸説あるのですが、幕府への衝撃という点では、やはりペリー来航による外交問題の発生だと思います。アメリカとの間で日米和親条約（イギリス・ロシア・オランダとも同様の条約を締結）、その後日米修好通商条約が結ばれ、イギリスなど四カ国とも同様の条約が結ばれていきます。その過程で、大きく二つの課題が幕府に突きつけられました。ひとつは外交方針決定に際しての国内合意形成、もうひとつは、挙国一致の国防態勢構築という課題です。

まず、江戸時代は三代将軍家光のときに、「鎖国」政策が段階的に行われたと教わるように、外交の決定権は幕府が握っていたと一般に考えられています。しかし、初めてペリーが来航すると、幕府は全国の大名に対して情報公開を行うとともに、忌憚《きたん》のない意見を求めました。これは前例がありません。また、朝廷には前例にそって報告したうえで、翌年に日米和親条約を締結しています。

さらに、日米修好通商条約の締結に際しては、諸大名の意見を聞くだけでなく、朝廷の許可を得ようと老中の堀田正睦《まさよし》が、自ら上京したのです。つまり、幕府は、外交問題の決定を単独で行うことをせず、国内合意を重視したのです。当時、自由貿易を定めた修好通商条約は、「鎖国」の国是（国家の最高方針）を崩壊させ、侵略的な欧米諸国に従属することで、「国体」（天皇を中心とした国家体制）を危うくすると考えられていました。そのため、孝明天皇は許可を与えず、公家集団や武士階級の一部が公然と反対しました。それ以前にはないことです。

結果的に、堀田は天皇の許しを得ることができず、国内合意形成に失敗しました。その後幕府は、大老井伊直弼《なおすけ》のもとで、やむなく独断で条約の調印に踏み切ったのです。それに反発した天皇と公家、水戸藩士や志士たちは、条約問題と並行して発生した、将軍継嗣《けいし》問題（一三代将軍家定の跡継ぎ問題）でも井伊の方針に反発し、幕府の行いを批判する運動を展開した結果、安政の大獄が起こりました。井伊は、橋本左内や吉田松陰など藩士だけでなく、幕政に批判的な、天皇に近い上層公家や、また徳川一門まで処罰しました。しかし、その反動は、やがて安政七（一八六〇）年の桜田門外の変となって現れたのです。幕府は、国内合意を無視すれば、手痛いしっぺ返しに遭うことを思い知らされたのです。

——堀田正睦は安政五年に上洛《じょうらく》して孝明天皇から条約調印の勅許《ちょっきょ》を得ようとして失敗しますが、この事件は、天皇には政治的に利用できるだけのパワーがあるということをみんなに知らしめてしまったと思うんです。そもそも幕府は天皇の政治的パワーを使わせないようにしていたわけですが、堀田はなぜわざわざ幕府の力を弱めるような、天皇の勅許を取るという行為に出たのでしょうか。

それについてはまったくおっしゃる通りでして、現時点ではそこに関する定説はないんですよね。堀田はなぜ勅許を取りに行ったのか。私もそうですが、これは答えづらいところです。ただ、勅許を取りに行ったというその部分だけ切り取ると唐突に見えますが、そもそも幕府はペリーが来航するより前、異国船が出てきた頃から朝廷にそのことを報告していたことが研究でも言われています。ペリー来航ではアメリカの国書の翻訳も送っていますから。

しかし、今度は修好通商条約のレベルになってくると、幕府の中でも「これは今までとはレベルが違うことだ」という意識が強まったのではないでしょうか。日米和親条約は天保の薪水給与令などの延長線上で説明可能なのですが、修好通商条約になると開港場を設けて、商人同士の自由貿易が展開されるとか、外国商人が滞在するので、恒常的な国交を背景にした経済関係に入りますね。幕府は諸大名に諮問を繰り返し、なおかつ朝廷にもそれについて意見を求める。要するに、前例のない領域に踏み込むに際して、決断する自信がなかったのではないかと思います。

国防強化と幕府支配の矛盾

ペリー来航後、大名のなかには国防強化の観点から、幕府による大名統制策の変更を求めるものがありました。例えば、三代将軍家光の時に武家諸法度《ぶけしょはっと》にも明文化された参勤交代制度（隔年で江戸と国元を往復）の緩和や、同じく法度に規定がある大船建造の禁令の解禁です。幕府は長い間、卓越した軍事力と大名の動員力を誇示して、国内の争いを凍結させ、「平和」を維持してきました。幕府は朝廷や大名、宗教勢力（寺社）を統制して、さらに対外的な交流も限定し、一定の領域内の支配を長期間維持してきました。しかし、外から迫り来る相手に対応しようとしたとき、大きな矛盾にぶち当たることになります。

近世の日本では、幕府（徳川家）は圧倒的な領知を持つだけでなく、主要な都市、鉱山、五街道を支配し、貨幣発行権を持つなど、中央政府としての実力を持っていました。しかしその一方で、国持《くにもち》大名と言われる徳川親藩や外様《とざま》藩の独立性は高く、全体的に、近代国家に比べれば、近世日本は分権的な性格を強くもっていました。

その場合、広い海域に面している日本は、幕府単独で海岸防備は出来ないわけでして、諸大名の軍事力に頼らざるをえません。そうすると、諸大名の軍備を規制している統制策は弛《ゆる》めざるを得なくなります。つまり、挙国一致は、幕府の国内統制策と矛盾することになります。これは、やり方を間違えると、幕府の存続に関わる事態を招きます。しかし、ペリー来航直後に、老中の阿部正弘《まさひろ》は、まず大船建造の禁令を解いたのです。

島津久光の率兵上洛――文久インパクト①

このような、国内合意の形成（天皇の意思を尊重し、大名の意見に耳を傾ける）と、国防強化という問題は、突き詰めれば、外敵を意識しての挙国一致の態勢づくりという課題にゆきつきます。その課題に幕府はどう対応し、それが何を幕府にもたらしたのでしょうか。そのことを考えるとき、文久二年から三年（一八六二～一八六三年）の間に起こった一連の出来事は、非常に大きな意味を持ちました。ひとつは、島津久光の率兵《そっぺい》上洛、二つ目は幕府の文久改革、三つ目は二二九年ぶりの将軍上洛です。この三つは相互に関係していますが、仮に「文久インパクト」と名付けてみました。

まず、最初に島津久光の率兵上洛に注目してみましょう。井伊大老のあとに幕政を主導した老中久世広周《くぜひろちか》と安藤信正は、孝明天皇の実妹である和宮《かずのみや》を、将軍である十四代徳川家茂《いえもち》の正室として迎えることに成功します。しかし、それに反発した尊王攘夷派が安藤老中を襲撃して負傷させ、安藤はその後失脚しました。文久二年正月の坂下門外の変です。

その前後に、長州藩と薩摩藩が国政を転換すべく独自に朝廷と接触を試みるという新しい事態が発生しています。特に、文久二年四月の薩摩藩主の父である島津久光が、約一〇〇〇人の藩兵を率いて入京し、朝廷関係者に幕府と朝廷を改革するための意見書を呈したことは衝撃を与えました。幕府の京都所司代はそれを阻止できず、久光は、当時京坂地域に集まっていた過激な尊攘派志士の鎮撫《ちんぶ》を朝廷から命じられたのです。幕府による朝廷と大名統制の崩壊の始まりです。

久光は、安政の大獄で処罰された徳川一門や朝廷首脳の復権と、幕府・朝廷人事の転換を主張しました。同意した天皇・朝廷は、大原重徳《しげとみ》という公家を勅使として、江戸に派遣します。久光は勅使を護衛して江戸に下り、要求を実現させてしまいました。

幕府はなぜ、外様雄藩のごり押しを跳ね返すことができなかったのでしょうか。これは、合理的に説明するのは難しいのですが、桜田門外の変や、坂下門外の変などの相次ぐテロにみるような人心の反発が、幕府首脳に大きな強迫観念になっていたと思われます。その萎縮状態から立ち直れないなかで、薩摩藩の軍事力を前に後退したのです。しかも、久光の要求は、勅命（天皇の命令）という形をとっていますから、幕府としてはますます要求をはねつけるのが難しかったといえるでしょう。

大藩をバックにした朝廷が、幕府の政治に介入するきっかけをつくったという点で、幕末史の大きなターニングポイントとなったことは間違いありません。

幕府の文久改革──文久インパクト②

久光の要求の中心は、幕府の老中のうえに、一橋慶喜（のちの将軍慶喜）と松平春嶽《しゅんがく》という、徳川一門でかつ当時有能と考えられていた人物を新たに据えることでした。ちなみに、慶喜は御三家の水戸徳川家出身（徳川斉昭《なりあき》の七男）で、御三卿《ごさんきょう》一橋徳川家の当主（当時は隠居中）でした。そして、春嶽は御三家に次ぐ御家門の越前松平家の前藩主で、御三卿の田安徳川家の出身でした。

本来の幕府の政治は、譜代大名である複数の老中による合議で運営されます。その上にこの二人を置き、当時数えで一七歳というまだ若い将軍家茂を輔佐《ほさ》させようというのです。慶喜は将軍後見職となり、春嶽は政事総裁職という新たな役職につきます。

この慶喜と春嶽は、かつて条約問題や将軍継嗣問題で井伊と対立関係にあり、安政の大獄で隠居・謹慎に処された経歴の持ち主でしたので、幕府政治の転換をはかるための象徴的な存在でもあったのです。幕府は勅使が下向する前に圧力を感じ、慶喜や春嶽を赦免し、春嶽には幕政参与を命じていました。

幕政に参加した春嶽は、今までの幕府政治を「幕私」と呼んで批判しました。「幕私」というのは、分かりやすくいうと幕府が何でも決める、「幕府のための幕府の政治」を指します。春嶽はそれに対して、天下の人心にしたがう政治を求めました。ここには、幕府支配のことばかりを考えることへの批判があります。春嶽がいうような幕府支配とは、武家諸法度という鎖で大名を縛り、禁中並公家諸法度などで天皇・公家の独自の政治行動などを抑えるやり方です。

春嶽は、具体的に「尊王」の実践（将軍上洛）と、朝廷や大名の意見を聞き、協調することを求めます。総じて、春嶽が重視したのが「公議」というものです。これは、本書と姉妹編の『明治史講義【テーマ篇《へん》】』（ちくま新書）第二講の池田勇太さんの説明を借りますと、幕府の政治は、基本的に譜代大名と旗本によって行われていましたので、日本全体の政治について、政権担当者以外の意見を聞くべきだという主張を正当化する際に、広く用いられた言葉です。

つまり、春嶽の政治は、天下のために必要なことは、幕府にとっては不都合であってもやるべきだという、自己否定の論理につながっているのです。

痛みを伴う改革

渡辺浩という研究者は、徳川の支配は、むき出しの武力によってではなく、潜在的な武力を背景とした、将軍の「御威光」による支配だったと述べています。つまり、幕府は、大名行列や江戸城の殿中での儀礼などを通じて大名たちを身分的に序列化し、頂点にある将軍の威信によって支配を持続させてきたのです。春嶽がやろうとした改革は、そのような「御威光」装置に、大胆にメスを入れることになりました。

改革というと、現在でも政治改革や行政改革などよく耳にする言葉です。「痛みを伴う改革」などとも言うように、改革は既得権益のうえに存在している人々や、多少不都合はあっても現状を肯定している人々には、嬉しくないものです。時に強力な抵抗勢力も生み出します。まして、将軍・幕府が一番偉いと思っている幕臣にとって、それを否定するかのような改革が受けるとは思えません。今風に言えば、春嶽は幕府再生のために、既得権益に染まった「古い幕府をぶち壊せ」と言っているわけです。

しかし、幕府の中にも、春嶽の考えに理解を示す幕臣が少なからず存在しました。彼らは、現在の幕府では立ちゆかないという気持ちをもって、朝廷と大名を重視する春嶽の考えに共感したのでしょう。また、将軍の家茂も若年でしたが、臣下の言うことをよく聞き、一度信頼するとそれを力強く後押しする性格がありました。幕府は家茂のもとで、当時の幕政では異例の御前会議を何回も開いて、オープンに議論を行いました。内部対立を含みつつ、幕府は家茂を先頭に、新しい事態に対応すべく改革の道を進んだのです。

改革では、挙国一致の軍備強化が優先され、経費節減や非実用的な虚飾の廃止というかけ声のもと、将軍を頂点にピラミッド型に組み立てられた支配装置に、次々とメスが入れられました。その象徴が、参勤交代制度の緩和（三年に一度）と、人質政策としての意味があった大名妻子の江戸居住制の廃止です。そこでの大名の財政的負担を軽減して、海軍などの軍備を優先させようとしたのです。また、同時に大名同士の意見交換や幕府への意見具申が奨励されました。「公議」重視の表れでしょう。

また、江戸に滞在中の大名の登城日も削減され、老中以下の諸役や大名が登城する際も、乗物（駕籠《かご》のこと）ではなく、乗切といって、騎馬での軽装による登城が奨励されました。本来、登城の際の行列は、それぞれの幕臣や大名たちの身分格式を示し、他との違いを表す重要な指標でした。他にも、江戸城で儀礼を司《つかさど》る奏者番という役職が廃止され、殿中での服装の簡略化も進みます。長く後ろに引きずる袴《はかま》（長袴）が基本的に廃止されたり、それ以前は殿中では用いられなかった羽織・袴で幕臣は執務するようになります。いわば、フットワークの軽い、行動性、機能性を重視した幕府行政を目指したのです。

「御威光」支配の崩壊

しかし、このような儀礼や慣習を次々廃止、変更していくと、将軍を頂点とした階層的秩序が崩れかねません。なぜなら、儀礼という支配装置がなくなるということは、「将軍が偉い」と感じる機会が減ったり、なくなることを意味するからです。

福地源一郎は先の『幕府衰亡論』のなかで、二〇〇年以上にわたる徳川支配を持続させた要因として、このような格式・慣例を強固に維持して諸大名を自発的に従わせたこと、さらに、幕府の武力の強大さを信じ込ませたこと、参勤交代制度や諸役によって大名を疲弊させたことを挙げています。

福地は春嶽らの改革について、「幕府の政略にはもっとも緊要なりける武家の秩序・典礼・格式・礼儀は、これがために一時に破毀せられたるが故に、将軍家の尊厳は、この時よりして大いにその威光を堕とされたること、争うべからざるの事実なりき」と断じています(『幕府衰亡論』東洋文庫版、一三九頁《ページ》)。これは、当時の少なからぬ幕臣の本音でしょう。つまり、この改革は劣勢を挽回《ばんかい》しようとして、さらなる衰亡を招いたというのが福地の結論なのですが、今でも示唆することの多い鋭い分析でしょう。

この改革に対する反発の強さは、春嶽が翌文久三年に幕府を去ると、同じ年に奏者番が復活したり、服装の制度が旧に復されたことにあらわれています。それだけではなく、翌元治元年の九月には、参勤交代制度と大名妻子江戸居住制度も旧令に復されるのです。それに対して、薩摩藩などが全国的な武備充実政策に反するとして、朝廷に働きかけ反対運動を展開しましたが、幕府は最後まで撤回しませんでした。しかし、様々な理由で実行しない大名もいましたので、結果として徹底せず、朝令暮改に対する不満や反発を招いただけだったと思います。

大政奉還論も登場した

この文久期は、大政奉還という考え方が明確に登場する時期でもあります。普通、大政奉還というと、最末期の慶応三年頃に出てきたものというイメージがあるかも知れません。なかには坂本龍馬が考えたと思っている人も多いのではないでしょうか。しかし、政権を朝廷に返すという考え方は、この時期に、しかも幕府の中から出てきます。

先ほどの島津久光に護衛された大原勅使のあと、長州藩や土佐藩と結びついた、三条実美

大久保忠寛（一翁）

と姉小路公知《あねがこうじきんとも》という二人の勅使が、天皇による攘夷実行の命令を伝えるために江戸に下ってきます。条約を締結している西洋諸国を日本から追い払えということですが、軍事力の差を考えれば不可能な要求です。しかし、征夷大将軍をいただく幕府がこれをできなければ、将軍としての徳川家の地位が危うくなるという意見もあり、勅使が到着する前から、諾否をめぐって幕府内部では激しい対立が起きました。

そのなかで、無理な勅命を承諾するくらいなら、政権を朝廷に返上して、徳川家は駿河《するが》と三河・遠江の一大名になるべきだと主張した人がいました。大久保忠寛《ただひろ》（一翁）という人物で、のちに徳川慶喜が鳥羽・伏見戦争で敗北したのち、勝海舟とともに徳川家を支えた人物として知られます。

大久保は、外交分野なども経験した官吏でしたが、このとき、将軍家茂の最側近である御側御用取次という役職にあったことは重要です。大久保ははっきり意見を主張する人物で、周囲との軋轢《あつれき》も多い人物でしたので、この奇抜な考えも失笑を買うのがせいぜいでした。しかし、大久保によれば、このとき将軍家茂と松平春嶽は、どの程度か分かりませんが、その考えに理解を示したと、のちに勝海舟への手紙のなかで打ち明けています。

それでも、大久保の発言は老中など幕府全体を動かす力はなく、家茂は勅使に対して攘夷実行を承諾します。しかし、これ以後、ことあるごとに幕府内部から、「政権を返上すべきだ」とか、「将軍を辞任すべき」という言動が出てきます。のちに実際の行動となってそれは現れてくるのです。

ちなみに、三条ら勅使下向時に、幕府は旧来の政治を反省するという意図のもと、故井伊直弼を始め二〇人以上に及ぶ役人を処罰し、家茂自身が官位一等の辞退（従二位内大臣から降格）を朝廷に歎願《たんがん》しました。家茂の歎願は朝廷に慰留されて実現しませんが、将軍が政治の責任をとるという考え方も、のちの慶喜の大政奉還を考える際、注目したいところです。

将軍上洛——文久インパクト③

インパクトの三つ目は、三代将軍家光以来、二二九年ぶりに行われた将軍家茂の上洛です。これは文久三年三月に実現しましたが、改革の一つの柱である「尊王」の実践として、春嶽が強く主張したものです。天皇と将軍の君臣関係を明確化して、将軍は天皇の意思を奉じながら正しい政治を行う姿勢を天下に示し、公武合体を強固にしたいという狙《ねら》いがあります。

この上洛がもたらした重要な点はたくさんあるのですが、ひとつは、天皇・朝廷のもとで、国家の重大事が決定され、それが国家の最高方針として、幕府や大名たちを拘束する事態が生まれたという点です。家茂は大名を率いて参内し、孝明天皇から改めて攘夷の実行を求められ了承したことで、攘夷が国是となりました。京都に政治の中心が移るということは、具体的にはこのようなことを意味しています。

二つ目は、将軍のあり方がこの上洛によって、大きく変化したことです。家茂は参内後、攘夷祈願のための天皇による賀茂社行幸に大名と従い、翌月には大坂城に入ります。大坂では、順動丸という軍艦（蒸気船）に搭乗して、西は明石《あかし》方面から、南は淡路から紀州方面まで、大坂湾内の台場や海防状況を精力的に視察しています。当時は外国勢力が大坂湾内から侵入して、淀川をさかのぼって京都に入ることが警戒されましたので、外敵から禁裏を守護することは、将軍の重要な職責になっていたのです。文久二年に新たに京都守護職が設置されて会津藩主の松平容保が就任したり、その二年後の元治元年三月に将軍後見職だった一橋慶喜が、禁裏守衛総督・摂海防禦《ぼうぎょ》指揮という新たな朝廷の役職に任命されたのも、そのことと関係があります。

それにしても、当時将軍が軍艦（蒸気船）に乗ることは、危険なことだと考えられていました。将軍自らが危険を冒して軍備の視察をするなど、そこまでするのかという印象を持ちます。ここから、将軍というものの性格の変化が見いだせるのではないでしょうか。江戸時代を通してみると、将軍の権力は卓越したものでしたから、四代以降の将軍は、将軍宣下に際しても上洛することはなく、初代家康が祀《まつ》られる日光に参詣する日光社参以外は、遠く江戸を離れる機会はありませんでした。極論すれば、江戸城で諸大名や勅使を引見しているだけで、権威を保つことができたのです。

対して、ペリー来航後、特に一四代家茂以降は、明確に将軍の性格は変化したと言えそうです。江戸時代の後期、一八世紀以降、将軍は天皇から政治を委任されているという考えが一般化しました。この考え方は大政委任論と呼ばれています。孝明天皇は、基本的にこの考え方を最後まで支持したのですが、政治社会では自明ではなくなり、家茂の段階では、委任の論理だけでは支配の正当性は獲得できない状況になっていました。すなわち、将軍が国政を担当するに相応《ふさわ》しいことを証明するために、絶えず政治の先頭にたって行動しなくてはならなくなったのです。

将軍の地位は、天皇をいただく国家を外国から守り、「鎖国」を維持するなどの、政治責任を伴うようになり、結果が伴わなければ、将軍の地位が保障されないのです。大政奉還も、結果が出せないことからくる行為なのです。大政奉還という考えが明確に出てくるのがこの文久期なのは、今述べたような将軍の変化と関係していると考えられます。

――孝明天皇が大政委任を肯定していたと話されていました。大政委任を肯定するということは幕府が朝廷に統制を加え、コントロールするという江戸時代初めからのシステムを認めるということだと思うのですが、孝明天皇は果たして本当にそれをいいと思っていたのか。そこはちょっと疑問に思うのですが。

幕府が天皇・公家をコントロールすることに関しては禁中並《ならびに》公家諸法度がありますが、そこから逸脱してしまったのが戊午《ぼご》の密勅ですね。これは一八五八(安政五)年八月八日、孝明天皇が水戸藩に勅書を下した事件で、安政の大獄の引き金となりました。天皇は自分の言うことを聞いてくれないことに不満を持ったわけですが、かといって幕府の大政委任を否定すればいいかというとそうではない。そこにはやはり越えられない壁があると思います。天皇は基本的に鎖国体制を維持したいと考えていた。それは幕府が存在してこそ可能だと考えています。ですから、幕府の政権を否定しようとはしない。ただ、自分がやりたいことについては聞いてほしいという思いがあって、徐々に要求が増えていく。それが客観的に見ると、大政委任を突き崩している部分があると思いますが、天皇自身にその自覚があったかどうか、よく分かりません。

将軍の畿内滞在

「行動する将軍」というテーマは、将軍の長期間におよぶ畿内（京都・大坂）滞在という現象を生みました。禁裏を守護するのが将軍の責任で、さらに天皇との意思疎通を重視するということになると、江戸に安穏としていられないのです。長州や薩摩藩が朝廷と深く結びついて、政治を動かそうとしたことも、将軍を畿内へと駆り立てました。

具体的に見ますと、将軍家茂の場合、その治世において三回の上洛を行っています。一回目は文久三年三月〜六月、二回目は文久四年正月（二月に元治に改元）〜五月、三回目は慶応元（一八六五）年閏《うるう》五月に第二次長州征討に際して上洛しています。戦争開始を挟んで翌年七月の死去まで大坂に滞在し、その間も二回上洛しています。つまり、時を追うごとに畿内での滞在期間は増える一方で、通算すると二年弱になります。続く最後の将軍慶喜は京都で将軍宣下を受けて以降、将軍としての期間は約一年ほどでしたが、その間、ついに江戸の地を踏めませんでした。すでに家茂末期から慶喜にいたるまで、将軍とそのブレーン、官僚機構が畿内で幕府を形作っていたのです。

幕府の政治というのは、基本はボトムアップ形式で、老中の諮問に対して担当諸役が評議をして上申すると、老中が取捨して決定し、将軍の裁可により動きます。したがって、将軍が長期滞在する二条城や大坂城に、勘定所や外国方などの重要な行政部門のコピーが出現します。そして、コピー元の江戸と上方《かみがた》が連絡をとりつつ業務を行うのです。

現在でもひとつの組織が空間的に分離していると、意思の疎通や集約に困難が生じます。当時は、江戸と京都の間は陸路なら七日くらいかかりますし、海路はその半分以下で済みますが、天候に左右されるので必ずしも迅速さを保証してくれません。それにもかかわらず、京都を中心とした政治状況はめまぐるしく変わるため、幕府も諸藩も迅速な決断が求められました。いちいち国元と意見を調整する時間もなく、出先が独自の判断をすることは珍しくありませんでした。そこに、組織内部に対立の火だねが生じます。

初度の上洛以後、家茂が大坂で死去するまでの約三年四カ月の間、老中や諸役人の大量罷《ひ》免《めん》や、登城拒否により政務麻痺を引き起こした大きな政争は、少なくとも四回確認できます。例えば、第一回と第二回の将軍上洛時に、朝廷に請け合った攘夷実行や横浜港閉鎖などの方針に江戸側が反発し、家茂の帰府後に激しい政争が起こっています。

繰り返される政争

上洛のたびに幕政が混迷し、深刻な対立を経験した老中たちの中から、京都から距離を置こうとする人々が出てきても無理はありません。元治元年の禁門の変が起きるころから、そのような人々が幕政の中心となりますが、彼らは、幕府衰勢の元凶を将軍の上洛に求めます。将軍が京都で朝廷や諸藩に振り回され、無理な要求を突きつけられることで幕府が混乱し、将軍の「御威光」も崩れるのだ、そう考えて、将軍を畿内の政局から切り離そうとします。

禁門の変を契機に「朝敵征伐」がさけばれ、将軍の出陣が朝廷などから要請されても応じません。これは、将軍が禁裏を守り、朝廷と協調することで政権を維持しようという文久改革とは逆の姿勢です。彼らのもとで、先ほど触れた、参勤交代制度などの復活などがなされ、文久改革に関わった老中や役人は徹底して排除されました。

それに対して、京都に滞在している幕府勢力は、公武協調のために将軍を引っ張りだそうとします。この勢力とは、在京していた禁裏守衛総督の一橋慶喜や、守護職の松平容保、所司代（松平定敬《さだあき》――容保の実弟）などです。彼らは、孝明天皇の信頼を得て、将軍不在のなか禁門の変を乗り切るなど政治力を蓄えていきますが、この勢力は、将軍を江戸から引っ張りだそうとして、朝廷と協力して運動します。また、薩摩藩も独自に幕府の施策に反発して、天皇のもとでその命令を撤回させようと、将軍を引き出そうと画策します。

その結果、江戸の老中間で京都との距離の取り方をめぐって対立が起き、将軍側近の有力な老中が倒れる政変が慶応元年の四月に起きます。以後、攘夷や鎖国の勅命に反発する開国派の老中や諸役人が力を握り、第二次長州征討のための将軍出陣に打って出てくるのです。

この有名な第二次長州征討は、長州藩内の動静では十分説明ができないもので、畿内の政治に引っ張られたあげく、江戸の幕府が起死回生を目指して、政局を転換すべく挑んできたという性格を持っています。出陣の大義名分は曖昧で、薩摩藩を始め多くの藩が反発しました。「公議」を敵に回した軍事行動は当初から困難を抱えていたのです。

人材が生かされない

そして、将軍家茂が大坂滞在中、またまた政争が起きます。慶応元年九月に、米・英・仏・蘭の四カ国の代表が軍艦で兵庫に進出し、条約で開港が予定されている兵庫開港の前倒しと、安政五カ国条約を天皇が認めることなどを要求する事件が発生します。すると将軍家茂は、将軍辞職を朝廷に申し出るという前代未聞の行為に出ます。これは、開国派の老中や諸役人が主導したと言われますが、若い家茂も苦悩のはてに決断したことでした。しかし、京都の一橋慶喜や松平容保が命がけで阻止し、家茂は京都の二条城に入り、慶喜が朝廷に懇請して条約勅許をえました(兵庫開港は中止)。その後、大坂で幕府の中心にいた二人の開国派の老中が処罰され、江戸の大老や老中も含む、多くの諸役人が罷免されました。

結局、将軍が江戸にいても畿内にいても、二つの地域を基盤にした政治路線の対立が繰り返され、幕府は組織としての体力を消耗したといえます。これでは必死の態勢で抵抗しようとする長州藩に足下を見られ、威圧して屈服させることなどできません。また、外国に屈して天皇の意思を守れなかったとの周囲の評価は避けられず、政治責任を問われることになります。幕府のなかに、将軍を辞職して、政権など放棄したほうがましだと考えた人たちがいても不思議ではありません。

ちなみに、文久期以降、老中や諸役人の就任状況を見ると、短期間でめまぐるしく交代していることがしばしば指摘されます。その際、注目したいのは、一度罷免された人物がすぐに同じ役職や、別の役職で復帰していることです。何度も失脚と再任を繰り返した老中や旗本は少なくありません。なぜ、何度も同じ人物が復帰してくるのでしょうか。それは、将軍上洛の是非、朝廷や大名との距離の取り方、攘夷・開国などの外交方針という、複数の政治争点を軸に、諸役を縦断あるいは横断した派閥に近いものが形成されて、浮沈を繰り返したからだと思います。

コロコロ役人が替わりますと、個人の能力は十分に発揮できませんし、また、優れた人材が登用されても経験を積むことができなくなります。何より、幕政が不安定化して、一貫した政治を追求するのが難しくなるでしょう。次第に組織としての形すら保てなくなっていくのではないでしょうか。

改革に倒れた幕府

もちろん、今まで述べたことだけで、幕府崩壊の道筋を十分説明できるとは思っていません。本来ならば、財政状況や軍事など多角的に見なくてはなりませんが、その余裕はありませんので、最後に今回の話をまとめたいと思います。

福地源一郎は、『幕府衰亡論』のなかで、幕府の支配体制を突き崩したのは、「勤王」という考えと「外交」の二つで、これがなければ、「百の西郷や木戸」がいても幕府を動揺させることなどできなかったろうと述べています。「倒幕運動」の効果を限定的に見るという点で、私も同じことを考えます。

お話ししたように、「文久インパクト」は幕府の政治を大きく変え、幕府は自らの支配体制を否定するような政策をとらざるをえなくなりました。また、将軍が活動的に変化することを強いられ、実際に将軍の政治責任が問われるという、のちの大政奉還への道筋が敷かれました。さらに、将軍の畿内滞在をきっかけにして、政争が構造化されることで、組織の一体性が保てなくなっていきました。

この組織の一体性の問題は、慶喜が将軍になっても、解決するのは簡単ではなかったと思います。慶應三年一〇月の慶喜の大政奉還は、江戸の人々に相談することなく、京都にいた慶喜主導で行われました。一一月に江戸の幕臣に対して、その行為を弁明する諭書を慶喜が直々に出しているのを見ると、いかに江戸での反発が強かったかが分かります。幕府は最後まで組織としてまとまれないまま、将来の目標も共有できないまま、鳥羽・伏見戦争での敗北、「瓦解」に突き進んだのです。

徳川慶喜

しかし、考えてみれば、何もやらなければ組織の葛藤などは生じません。激しい改革を前のめりに行っていったことが、結果的に組織の一体感を損なうような、恒常的な対立構造を生み出したのではないでしょうか。「何もやらない保守的な幕府」というイメージがいかに誤っているかが分かるのです。改革を推進した人々は、短期的には幕府にとってマイナスであっても、長期的には幕府を生かす道と考えたのでしょう。それは例えれば、重病人を救うために「劇楽」を処方するに等しいことでした。

また、慶喜の大政奉還も、倒幕運動の動きや土佐藩の大政奉還の勧告が契機となったにせよ、それ以前に様々な政治責任が負債として蓄積していたことは見逃せません。慶喜は大政奉還の上表のなかで、三つのことを述べています。ひとつは、これまでの幕政の失敗への反省、これは政治責任に該当します。二つ目は政権統一の必要性、三つ目は、これからは天下の「公議」に基づいて、天皇の裁可を仰いで政治を行うということです。二つ目と三つ目は挙国一致と合意形成です。いずれも、突然出てきた論点ではありません。

「幕府は薩長に倒された」では、幕末史の本筋を理解することはできないのです。皆さんは、どのように考えますか。

——幕府の内部分裂についてですが、僕の単純な認識としては、文久の改革で一橋慶喜や松

平春嶽が主導権を握ったというイメージだったのですが、主導部は内心はともかく、表向きには、外国や攘夷についてどういう方向性で行こうと考えていたのでしょうか。

幕府の政治は基本的に、老中が将軍の意を受けて行う。つまり老中が最終的に決定したことに将軍がOKを出すわけですが、文久の改革の時には松平春嶽が政事総裁職、一橋慶喜が将軍後見職として入ってきます。彼らに主導権があったかといえば、なかったと思います。形式的には老中の上に置かれていますが、政治は老中中心で動くという点は、基本的に変化がありません。それでも、春嶽などの主張する路線に進んだのは、慶喜や春嶽を外から押し込んだ朝廷や薩摩など雄藩の圧力、幕府内部の春嶽に同調する改革派役人の存在、そして、最後は春嶽が老中を飛び越えてつながった、若き将軍家茂の理解など、様々な要因が作用しています。

朝廷の攘夷命令に対する対応ですが、幕府内部にも様々な考え方の人々がいます。今申し上げたような、当時は朝廷の意向を尊重するという、尊王路線が強く幕府を規定しましたが、現実に政権を運営する立場として、簡単に攘夷ができると思っていたわけではない。しかし、勅命に従わなければ、幕府への批判が高まり、尊攘派の人々による暴発の懸念などがあって、まあ、ここは承諾しておいて、上洛してからなんとか朝廷を説得して、穏便な形に持って行こうと考えていたのではないかと思います。

しかし、実際はそれほど甘くなかった。長州藩士や公家の三条実美たちが主導して、京都は攘夷一色に近くなって、将軍家茂は、参内して改めて攘夷を委任されて、実行期限まで約束させられてしまった。ここまでくると、パフォーマンスであってもやる気を示さなくてはならないし、次第にのっぴきならないところに追い込まれていきます。その結果、外国との交渉の矢面に立つ江戸の留守側と路線が割れて、幕政が混乱してしまったというところです。

ですから、朝廷との関係を重視して攘夷を実行せざるをえないけれど、結果的に実現できずにマイナス点を献上するという感じです。福地源一郎が、幕府を追い込んだのは、「勤王」と「外交」だといったのは、まさにそのとおりでしょう。

――幕府のなかにも、開国や攘夷など、いろいろな考え方を持つ人がいるというお話がありました。実際、幕府が最初に条約を結んだと思ったら、その後は朝廷と一緒になって攘夷決行の確約をするというように、幕府の対応もバラバラだったわけですが、朝廷の人間はこれをどのように見ていたのでしょうか。

それは難しい問題ですね。朝廷の主な人たちは安政五カ国条約に反対ですので、幕府は和宮《かずの》宮降嫁《みやこうか》を願う時「あと一〇年以内に鎖国に引き戻します」と約束します。ですから朝廷は幕府に対して「首尾一貫してないじゃないか」と怒るのではなく、「幕府は朝廷が言う通りにやっているじゃないか」と評価するという感じだと思います。

ちなみに教科書では安政五カ国条約のところで説明が止まっていますが、あの後もちゃんと外交をやっている。福岡万里子さんという研究者がそのあたりを詳しく研究されています。皆さんは久世・安藤政権って聞いたことありませんか？　和宮降嫁を推進した政権ですがこの政権によって、外交で一時期、五カ国以外の新規条約の締結は凍結するという方針を出している。幕府は国際社会のルールをねじ曲げても朝廷に従ったわけですから、朝廷は満足だったのではないでしょうか。

現在から見れば、勅命に振り回されて主体性のない幕府外交のように見えるかもしれません。実際そのような点は否定できませんが、国内世論とのバランスを図りながら外交が展開されている点では、今と変わりはありません。ですから、幕府外交の主体性のなさを批判するのは簡単ですが、それは、幕府にプレッシャーを与え続けた朝廷やそれと結んだ長州藩など雄藩の責任でもあるということになるのではないでしょうか。幕府ばかりを批判するのは、ちょっと違うのではないかと思っています。

第三講

武士は明治をどう生きたのか？

落合弘樹

「革命」か「王政復古」か

前回の講義は幕末史が中心でした。明治維新はどのようなきっかけで起こったのかというあたりが論点でした。

ところで、「明治維新」を英訳するとたいていはMeiji Restorationで、Revolutionではない。革命ではないということです。ただ、restorationは文字通り「王政復古」の直訳でといえるでしょう。他のrestorationの例としては以下のようなものが挙げられます。

第一としては、クロムウェルの革命により断絶したイギリス王室が、チャールズ二世がオランダから戻ってきて王朝を復活した。次はナポレオンがワーテルローの敗戦で完全に失脚したのち、ルイ一八世がブルボン王政を復活させた。Restorationは世界史的にはこうしたケースです。そうであるならば、Meiji Restorationは古代の律令を根幹とする政治体制を明治天皇が復活させたということになります。王朝国家（摂関）および武家政権（将軍）の伝統を根絶すると王政復古を宣言した明治新政府が、一一一〇年以上も前の養老令を参考に行政機構を定めたのは確かですが、古代と明治の太政官制はまったく仕組みが違います。

――維新後、内閣制度を含む諸制度をつくっていく段階で、明治天皇の意思はどの程度反映されていたんでしょうか。

明治天皇が政治的発言をするのは一八七八（明治一一）年ぐらいからで、それ以前はほとんど意思がないと思ってよい。西南戦争が終わった後、一八七七（明治一〇）年の秋に右大臣の岩倉具視《ともみ》がこれまで天皇が出した詔勅を天皇に説明しています。天皇はいろいろと説明を受けて納得したと思うのですが、明治一〇年ぐらいまではそれについて深い理解はしていなかった。それ以降はいろいろと意見を言うようになりました。この話はあとで出てきます。

明治維新をどのように捉《とら》えるかについては、過去から様々な議論があります。最近では近代化の前提として、二〇〇年以上も対外戦争および大規模・長期的な内乱がないという、世界史においても稀なる「天下泰平」の安定のもとで高度な成熟を遂げた近世社会の中で、近代化の条件はペリー艦隊が来航する以前から、かなりの部分が内発的に整えられていたという考え方が定説化しつつあります。

ただ、こうした捉え方は、明治維新は「封建制」＝ヨーロッパ中世のフューダリズムに相当する幕藩体制が崩壊の危機を迎え、かろうじて「天保の改革」により体制の維持に成功し、それを基盤とする天皇制「絶対主義」の成立のもと、前近代的な「封建制」の残滓《ざんし》は少なくとも戦後の農地改革・財閥解体までは色濃く染み渡ったという「戦後歴史学」と、「断絶」よりは「連続」を強調する点では、意味合いは真逆とはいえ一致しています。

では、近代日本は近世日本というきわめて高度な前近代社会を部分修正したに過ぎなかったのでしょうか。私は明治維新の一番の特徴として、源頼朝以来、日本の政治体制の根幹を六五〇年以上にわたって担い、皇室および摂関家を中心とする公家社会、あるいは寺社勢力と協調あるいは反目してきた武家社会の解体は、重大な歴史の転換期だったと考えます。

武家の解体

今年（二〇一八年）のNHK大河ドラマは『西郷《せご》どん』ですが、いままでのドラマの主人公はたいがい武士ですね。明治維新により武士は身分として解体されていくわけですが、これをどのように捉えていくべきなのか。私がこのテーマに関心を持ち、取り組むようになったのは、実を言うとあまりやっている人がいなかったからです。ただ武士と言っても、時代ごとにいろいろな特徴があります。源平の合戦の頃の武士と、新書『応仁の乱』がベストセラーになっていますがその頃の武士、戦国時代の武士、幕藩体制の武士ではそれぞれ少しずつかたちが違います。

ただし明治維新で解体された武士身分を見る場合、信長・秀吉・家康を経て成立していった近世国家において武士はどういう存在であったのか。ここから捉えていけばいいと思います。いわゆる天下統一の過程で何が起きたか。戦国の争乱においては下剋上《げこくじょう》が続いたわけですが、それに加えて兵農分離という動きもありました。それまで武士は土地に根差した存在でしたが、彼らを城下町に集め、農民と武人を完全に分離した。その結果、何が起きたか。これについて、荻生徂徠《おぎゅうそらい》は次のようなことを言っています。江戸時代に入ってからの武士は、土地から切り離された鉢植えみたいなものだ。庭や街路などに植わっているような木とは違い、鉢植えは寒い時期であれば家の中に入れるとか、基本的には動かすことができるわけですが、逆に言えば特定の土地に根を張ることができない。これが江戸時代の武士の基本的なあり方だったわけです。

私は先ほど武家の解体と言いましたが、これは「家」の解体も意味します。今日、家と言うと住んでいる家屋を表わす場合もありますが、だいたいは家族を指します。しかしながら歴史用語における「家」とは武士の場合、殿様から負わされた軍事的義務（軍役）を遂行する集団の単位を指します。武家には知行つまり家禄が与えられるわけですが、これは義務遂行への見返りです。ではその家禄をどのように使うかというと、現在の給料のように家族で消費されるだけではない。ある程度のレベルの武士には、家来を抱える義務がありました。たとえばお城勤めの武士の場合、知行一〇〇石の馬廻《うままわり》が基本ですが、従者二人、馬一頭を備えるのが基本です。馬や武具、拝領した屋敷の管理にかかる経費もすべて家禄に含まれます。

ただ、江戸時代というのは世界史的にも不思議な時代で、武人が支配するにもかかわらず、二五〇年以上にわたり、内憂外患とは無縁でした。つまり、外国から攻められることはまったくなかったし、一六一五（慶長二〇）年の大坂夏の陣以降、大きな内乱もなかった。一八六六（慶応二）年の第二次長州征討まで、大きな武力衝突は一切起こらなかった。ですから、非常に安定した内発的発展を遂げることができたわけです。そこで蓄積された技術力や経済システムにヨーロッパの知識を注入して置き換えたので、近代化が簡単に達成できた。近世との連続性を重視する人の中には、そういう捉え方をする人がいます。

いずれにせよ江戸時代には戦争がなかったわけですが、武士は戦争をするというのが彼らの本来の立場でした。江戸時代には戦争がなくなり、その中で安定した社会ができあがると、どういうかたちで領地・領民を治めていくかが一番のポイントになってくる。そういう中で武士はいわば官僚化していきます。ただ武士がすべて行政機構で役を得たわけではなく、戦国時代の軍団編制はそのまま凍結され、世襲化されます。そうすると無役の人が大量に発生する。人事的には非常に無駄があったわけですが、そういった暇人たちは文芸などに携わったり、植物や金魚の品種改良に努めたりした。それによって蓄積された文化はけっして軽視できないと思います。

家格主義から能力主義へ

官僚化した大名家臣・幕臣にはいろいろなポストがあるわけですが、「家」の格が横たわります。合戦の時の上下関係は、江戸時代にそのまま踏襲《とうしゅう》された。たとえば家老になれるのは侍大将の家格を持った人で、馬廻だとよほどの抜擢《ばってき》を受けない限り、なかなか奉行にもなれない。基本的には能力よりも家柄が重視されたわけです。下剋上的な動きを封鎖するために家格により人事を固定した。組織の安定を維持するという点ではうまくいったわけですが、戦争がなくなり暇人が増えていく中で、士道の劣化が強調されるようになります。たとえば武陽隠士を名乗る人物が一八一六（文化一三）年、化政文化が栄えた時期に『世事見聞録』で次のようなことを書いています。「実正の侍は十人に二、三人ならんか覚束《おぼつか》なし。その二、三人も元禄・享保の頃の侍に競《くら》ぶれば、さぞ劣りたるものならんか」。要するに本当の侍はすっかり減ってしまったと言っているわけです。

ただ化政期あたりからそろそろ、内憂外患が自覚されてくるようになります。平和的なかたちで続いた幕藩体制も徐々に従来のシステムが機能しなくなり、たいがいの大名家は財政破綻に直面します。そういう中で、侍としての意識は、『葉隠《はがくれ》』のような「戦場でのたしなみ」から、為政者として踏むべき道（儒教的観念）の追求へと変化していきます。

一方、ロシアによる択捉《えとろふ》島襲撃やイギリスによるフェートン号事件、さらにアヘン戦争と、西洋列強の東アジア進出にともなう危機意識のなかで、武芸への回帰という現象が農村を含めて出てきます。村の指導的な階層のなかからは、家柄で侍に属する人はほとんどだらしない。それゆえ自分たちのような地域社会のリーダーは、なおさらしっかりしなければいけない。こういった流れの中で近藤勇や土方歳三のような人たちが出てきて、彼らは幕臣に加えられ、結果的には「武士らしく最期を迎える」という道を選ぶことになります。

ペリー来航によって危機意識はより現実のものとなり、軍制改革あるいは行財政改革が喫緊の課題となります。こうしたなかで、家格主義は能力主義への優位性を維持しつつも、ゆるやかに劣勢へとスライドしていきます。家格主義と能力主義のぶつかり合いが大掛かりに表面化したのは、一三代将軍家定の継嗣をめぐる問題です。ペリー来航の直後に将軍となった家定は、実子がないばかりか非常に虚弱で、早く養子を定めないと御家断絶に陥りかねないという状況でした。従来のシステム、つまり家格主義で行くと、血筋が一番近く家定の従弟《いとこ》にあたる紀州徳川家の慶福《よしとみ》となります。彼は結果的に一四代将軍家茂になるのですが、まだ少年でした。それに対し「最も秀でた能力を持つ一橋慶喜《よしのぶ》が次の将軍にふさわしい」という能力主義にもとづく動きが出てきます。

特に新式の軍隊が必要になってくるわけですが、譜代の家臣は戦国時代以来の軍制に基づいて編成されており、それを簡単につくりかえるわけにはいかない。あと財政についても有能な人材を抜擢しなければ、専門家をなかなか確保できない。そのため藩政改革の段階で、さまざまな人材登用が行われるわけです。財政のための人材抜擢は一八世紀の後半ぐらいから盛んに行われるようになりましたが、それが軍事改革にも及ぶようになります。わかりやすい例は奇兵隊ですね。奇兵隊は毛利家の譜代の家臣を抑えるかたちで成立したわけではなく、これらは両立されていく。譜代の家臣団は既存の軍事編成を維持しつつ、徐々に改革を進めていく。ただ最新式の軍隊は従来の編成とは別のところから人々を集め、個々の能力に基づいて諸隊が編成されていく。明治維新においては家格主義と能力主義が共存していたわけですが、それが一気に能力主義へと傾斜していく。そういう流れをつくっていったわけです。

たとえば園田《そのだ》英弘《ひでひろ》さんという教育社会学の研究者は、江戸時代の武士は「封建の武士」であると言っています。「封建」という言葉にはいろいろなイメージがありますが、基本的には近世的な社会編成・家格に基づくということです。たとえば江戸時代には、どんなに能力がなくても家柄がよければ家老になれたわけですが、明治維新以降は家柄に関わりなく個人の能力、武士としての本来の能力を実践できる存在が重視されるようになった。

士族の誕生

続いて近代に入ると、武士は士族というかたちで編成されていきます。士族の数は一八八一（明治一四）年の段階で四〇万戸、一九三万人で人口の五％に当たります。これが多いかどうかについてはいろいろと議論があるかもしれません。たとえばポーランドでは人口の二割が貴族だったわけですが、イギリスやフランスとは貴族のあり方がかなり違っていたのではないかと思われます。ここでは、士族は人口の五パーセントに過ぎなかったという言い方もできるでしょう。

最初のうちは華族・士族の中間に卒というのが置かれ、人口の大半は平民であった。しかし一八六九（明治二）年六月の版籍奉還の直後に出された政府の指令により、一門以下平士に至るまですべて士族と称されるようになった。江戸時代の大名家臣においては、家老を頂点としたピラミッド型の多様な身分秩序がありました。平士というのはだいたい馬廻ぐらいの立場になるわけですが、そこには厳しい上下関係があったわけです。たとえば、お城の中で家老が通ったら平伏しなければならなかった。また、衣装についても格式に基づいた明確な区別があったわけですが、それを単一化していく。これは非常に思い切った改革だったと思います。

政府はこれにより何を狙ったか。身分を単純化することにより、従来藩政を牛耳っていた門閥重臣の立場を弱くする。逆に能力のある下級藩士をピックアップし、政府が望むような改革を推進させていく。政府にはそういう意図があったわけです。

しかし当時、全国でだいたい二五〇以上の藩があり、以前の徳川将軍家も静岡藩主として編成されるわけですが、藩に仕える士族の状況というのは地方によってかなりまちまちだった。先ほど、士族が一九三万人いたと申し上げましたが、このうち二〇万人が鹿児島県の士族でした。ただ、そんなにたくさんの人間が今の鹿児島市、鶴丸城下に住んでいたわけではない。実際に城の近くに住み、殿様と直に接することができたのは約二万人で、彼らは城下士と呼ばれます。残りの一八万人は外城士（郷士《ごうし》）と呼ばれ、薩摩藩内の重要なところに点在していた。肥後藩との境にある出水《いずみ》、お茶や特攻基地で有名な知覧には今でも郷士集落が保存されています。

藩政時代、郷士層はお城勤めをしている武士から差別されたわけですが、明治に入ってからは地主化し、西南戦争の後は主導権を握っていく。彼らは西南戦争の時、明治政府に仕えて東京に行ってしまった城下士層と相見《まみ》えるわけですが、大久保利通に付いた城下士たちはその後、なかなか自分の郷里に帰れない状況になってしまう。

あと山口藩（毛利家）、米沢藩（上杉家）は関ヶ原の合戦で負けた結果、石高を大幅に削られるわけですが、毛利輝元や上杉景勝は家臣団の大規模な削減を行わなかった。従って山口や米沢（山形県・置賜《おきたま》地方）では、藩の規模からすれば多数の士族が存在したわけです。逆に戊辰《ぼしん》戦争で負けてしまった仙台藩は、相当数の家臣を帰農させる。そこでは藩の家臣団から外し、農民の身分に戻してしまいました。あと熊本や高知では、鹿児島（薩摩藩）とは違ったかたちの郷士が存在していましたが、そういう人たちを士族に編入する。東京には士族が数多くいましたが、これは戸籍を移した人がいたからです。

鹿児島の城下士出身で明治政府に仕え、西南戦争で西郷隆盛を結果的には討伐した人たちは地元では恨まれているので、東京に戸籍を移す。たとえば西郷従道《つぐみち》や大山巌《いわお》などは、鹿児島の士族から東京の士族へと転出した。あと、地方から東京にやってきて官僚になる人物も多くいましたが、そういう人たちも戸籍を東京に移す。たとえば関東の譜代大名の場合、殿様は常に江戸にいるので多数の家臣が江戸に常駐していた。江戸開城の後、そういった家臣は屋敷がない国元に帰って少なからず苦労しますが、廃藩置県以降、制約が取れると土地勘のある東京に戻ってくる。あと、いわゆる没落士族が都市貧民層の中に加わるというケースもありました。いずれにせよ、明治期に入ってからの士族は社会階層としての一体感が非常に乏しくなりますが、旧藩単位のまとまりは維持されます。これはあとで触れますが、最近では旧藩意識、つまり地域のつながりが注目されています。

版籍奉還と秩禄処分

ここからは特権解体の過程についてお話ししますが、私は、明治政府が行った最初の大きな改革は版籍奉還だと思います。ここでは各大名家に対して、次のように言っています。もはや天皇を中心とした国になり、王土王民である。そして大名が土地と人民を占有する理由がないということで、これらを天皇に返還させるという措置を取る。ただ実際には、殿様はその後も藩の知事となり、家臣団は藩の職員として今まで通りの勤務を続けます。

明治維新後の地方体制についてですが、かつての天領は「府」「県」というかたちで編成されます。特に重要なところは東京、大阪、京都でこれらは三都と呼ばれていました。東京は一九四三（昭和一八）年から都になっていますが、大阪・京都が今でも府なのはここに端を発しています。このあたりだと品川あたりまで県が置かれましたが、こういった府県には東京から知事が派遣される。要するに中央政府が直接関与するわけですが、藩は基本的にかつての大名家の知事に統治を任せる。つまり集権制と分権制が併存しているわけですが、明治政府もこの状況を放置するわけにはいかないので藩を回収し、その統治の中身を府県に近づけようとする。

繰り返しになりますが、版籍奉還と同時に殿様は知事（地方長官）として位置づけられる。そして士族たちも地方行政の職員として位置づけられ、天皇のもとに属する朝臣とされる。さらには版籍奉還を機会に、お殿様は華族と位置づけられる。この時点における華族は公家と大名で、公家は言うまでもなく天皇のもとにずっとお仕えしていた。それと大名とでは格が違っていたわけですが、華族として一体化させた。

さらには版籍奉還の後、家禄についても次のような指令が出されます。石高というのはややこしいんですが、たとえば一万石ある場合、これがすべて藩の収入になるかというとそうではない。石高というのは領地すべての生産規模を表しており、実際には年貢を一〇〇％取るなんていうことはできない。だいたいは四公六民、三公六民です。たとえば天領はだいたいい三公六民ですが、一〇万石の藩の場合、実収入は三万石となり、その一割を知事（かつての殿様）の家禄にする。

合わせて、藩政と知事の家政は分離する。藩政の名目上の責任者は知事ですが、実際には大参事という職名を与えられた人を中心に展開され、家政には家令・家扶が置かれる。こうした家令・家扶は廃藩置県後もそのまま旧藩主の経済を維持していきます。言い方を換えると、藩主の家は一定の資産をキープすることを認められており、その残りで士族の家禄やお役所の経費を動かしていく。あと先ほど「一門以下平士に至るまですべて士族とする」と言いましたように、この指令と同時に身分の単一化もなされる。「家禄御定之《かろくおさだめの》振合《ふりあい》に基《もとづ》き、給《きゅう》禄《ろく》適宜《てきぎ》改革《かいかく》可致《いたすべし》」。そういう但し書きが続きますが、とにかく家禄を最大一割前後まで縮小する。どこの藩も財政難にあえいでおり、財政難を解決するには家禄の改革しかない。それについては各藩の任意に任せるけれども、きちんとやれ。こうした指令は版籍奉還の翌年、一八七〇（明治三）年九月に出された藩制により、さらに明確化されます。

大名はそれまでいかにして財政を維持していたのか。詳しくは『明治史講義【テーマ篇】』の私の文章（「廃藩置県・秩禄処分――分権から集権へ」）を参照してほしいのですが、端的に言うと大坂あたりの商人から借り入れ、藩札を発行していたわけですが、そうした藩制が出されるといろいろなかたちで家禄の改革に努めなければならない。そこでいくつかの方法が取られ、たとえば単純に士族を農民に戻すという処置が取られました。薩長以外の藩は遅れを取っていたのでここでは改革を先取りし、自分たちの立場を有利にしたい。いくつかの藩でそういう動きが出てきました。その筆頭は高知藩で、禄券法という方法を採用します。本来、武士の知行は売買できませんが、それを公債に置き換えて売買可能なかたちにし（禄券）、回収する。つまり武士から家禄を買い上げ、その代わりに公債を発行し、長い年月をかけてこれを回収していく。実際、この方法は明治政府によって全国的に採用されます。

一八七一（明治四）年七月の廃藩置県までに、家禄は維新前よりも三八％削減されました。秩禄処分とは、武士の家禄を整理することです。まずは家禄を大幅に削減し、その後に公債化していく。ここでは二段階に分かれるわけですが、家禄削減の大部分は各藩の「給禄適宜改革可致」という措置の中で敢行されます。身分制の解体あるいは家禄削減は、廃藩置県以前に士族の手によって敢行されていた。政府としては「適宜改革を認める」とし、各藩の自主的な改革に期待したわけですが、それがうまくいかなかったため、一方的に「全面的な改革を行う」という指令を出した。

廃藩置県はなぜうまくいったのか

今でもたとえば大学改革について、国は「自由にやってください」と言っていますが、なかなかうまくいかない。現在の安倍首相はいきなり大きな変更を迫るということを好んでやりますが、ともかく当時、大胆なかたちで廃藩置県が敢行されます。藩は数百年に及ぶ主従関係によって成立している組織で、なおかつ軍事力も持っているわけですが、そういった組織を紙きれひとつで解消してしまう。

廃藩置県の数カ月後、岩倉使節団がアメリカやヨーロッパに派遣されますが、伊藤博文は一八七一（明治四）年一二月一四日、アメリカ・サンフランシスコ市長主催の晩さん会で、後に「日の丸演説」と言われる演説を英語で行い、そこで次のようなことを言っています。我々は数百年続いた国家体制を、たった一発も弾丸を使うことなく完全に解体に追い込んだ。これからの日本は前途洋々たる将来で、あたかも昇る太陽のごときものである。ともかく、そういう改革が行われたわけです。

改革がこれほどまでにうまくいったのには、いくつかの事情が関係しています。簡単に説明しますと、藩は実質的にはほとんど財政破綻しており、多くの士族は額面通りの家禄を受け取れなかった。しかしながら、藩知事に代わって大蔵省が家禄の支給を担当することになると帳簿通りの家禄が支給されるので、損にはならない。藩が財政破綻していて立ち行かない状態になっていたけれども、家禄の支給は保障された。それに加えて人々は、時代の流れを理解していた。福沢諭吉なんかは逆に「長いものに巻かれろ的なかたちで先を争うが如く版籍奉還、廃藩置県を受け入れた。少しは抵抗の気概というものがないのか」と嘆いていますが、その後、四民平等の政策がどんどん取られるようになります。

廃藩置県の後、もとの藩主は東京に集められて天皇の藩屏《はんぺい》、つまり取り巻きに位置づけられる。士族は府県に所属し、知事や県令のもとに配属されるわけですが、彼らは大蔵省ひいては天皇から家禄を与えられるようになる。ただ政府としても、当時の華族・士族に対する支出は国家財政の三割以上を占めており、これは大きな負担となっていた。今の国家公務員・地方公務員に対する財政支出は三割ぐらいで、彼らの中にはいろいろと問題になっている人もいますが、ともかく仕事をしています。一方で廃藩置県以降の士族には、仕事がほとんどない人のほうが多かった。そういう人間に国家財政の三割を供給するのはいかがなものかということで、これを廃止する措置が取られる。これは家禄奉還、金禄公債証書発行による全面廃止というかたちで推移していきます。

当時、大蔵卿だった大隈重信は次のように言っています。「有用ノ財ヲ以《もっ》テ無用ノ人ヲ養フノ弊ヲ芟《か》リ、無益ノ人ヲシテ有益ノ業ニ就シム」（「家禄賞典禄処分ノ儀ニ付伺《うかがい》」）。本来、全部没収しても構わない。ただそれだといろいろと社会的に問題が発生するので、政府はやむを得ず士族から家禄を買い上げるというかたちで回収する。それまで家禄の売買は基本的に許されなかったわけですが、金禄公債証書によって私有財産になり、動産化される。多くの士族はさっそくこれを転売し、当座の生活費等に充てていく。士族が手放した公債証書は、銀行設立の資金などとして転用されていきます。

旧藩地	士族戸数	生活程度（割）		
		上	中	下
京都住	2,254 人	2	5	3
淀・柳生	859	2	3	5
亀岡	897	1	2	7
園部	237	1	4	5
綾部	170	7		3
山家	92	8		2
福知山	410	2	6	2
舞鶴	507	—	—	—
宮津	790	2	4	4
峰山	144	3	5	2

表　京都府士族の生活状況
（井ヶ田良治・原田久美子編『京都府の百年』より作成）

私が書いた『秩禄処分――明治維新と武士のリストラ』（中公新書、一九九九）から公債証書の発行についての資料を引用しておきます（上の表）。しばしば士族はこの後没落したと言われますが、それは地域によってかなり異なります。これは京都府の士族についての表ですが、ご覧になれば、地区によって状況はまちまちであるということがおわかりになるかと思います。地理的条件にもよりますし、戊辰戦争の勝者側と敗者側ではまったく状況が違います。士族の没落を伝えるような報道もけっこうありますが、その一方で案外うまくやっている例も決して少なくありません。

武士の名誉意識

ただ、一番の疑問点となるのは次のような点です。華族は家禄が各藩の収入の一割程度と高めに設定されており、しかも世襲財産というかたちで宮内省から保護を受けますが、士族は金禄公債を抱えたまま近代社会に放り出される。禄制廃止がすんなり達成されたことには、どのような背景があったのか。まずひとつは、仕事もしていないのに国家財産の三割を所持する華士族に対するジャーナリズムからの厳しい批判があった。そこでは「尸位素餐《しいそさん》」「無為徒食《むいとしょく》」などといった言葉が使われました。当時のジャーナリストの大半は静岡に無禄移住した旧幕臣で、彼らからすれば自分たちのような苦労もせず、何も仕事をせずに国家財政を消費しているのは許しがたい。これに対する反論はなかなか見つからないわけです。

あと兵農分離に基づく近世日本の領有制の特質から言いますと、個々の武士の領主権は藩全体に積み上げられてしまうため、所領を個別的に支配できなかった。このあたりはヨーロッパの貴族とは全然違うところです。家禄は幕府・藩への義務を果たしたことに対する見返りである。武士はそう考えているわけですが、廃藩置県・徴兵令によってそういった義務が解かれると、論理的に家禄を支給する根拠がなくなる。

一方で、研究者の間では「端的に言えば武士というのはそういうものだ」という見方もあります。たとえば尾藤正英さんは「明治維新は武士の自己変革であった」と論じています。彼は『江戸時代とはなにか――日本史上の近世と近代』（岩波現代文庫、二〇〇六）で次のように書いています。「〝私心〟を悪とみなし、藩や国家など組織の公共的な利害を、個人の私的な利害関係に優先させる武士的な価値意識……明治維新の社会変革としての独特な性格は、右の武士的な精神ならびにそれを生み出した武士社会の構造と切り離しては、理解することのできないものであろうと考えられるのである」。

ただ士族が全員、そんなに素直に政府の命令に従ったわけではない。ですから政府もある程度の強制力を発揮したわけです。武士あるいは士族というのは、名誉にこだわる存在だった。元来、武士は戦人《いくさびと》・戦闘者として主人に仕え、ひとたび戦があればそこに馳《は》せ参じる。彼らは「侍」であり、なおかつ中国の古典的なイメージで言うところの「士」（行政官僚・読書階級）でもあった。実際、江戸時代の大名家の家臣は行政官僚化する。そういう中で儒教的な倫理を実践することにより、自分たちの境地を正当化していく。彼らにはそういう面があったわけです。

戦闘者というのはだいたい現実主義に立ちます。アヘン戦争が起きた時、たとえば朝鮮は次のように考えた。清はもともと蛮夷《ばんい》であった満族が中原を支配している。本来の中華はアヘンを持ち込むようなことをしない。これは道徳的な問題であり、だからこそ自分たちはより正統な中華の文明、明から受け継いだ文明を維持しなければいけない――朝鮮の人々はそういう方向に行くわけです。

一方で日本の場合、どんな武器が使われたのか、なぜ清国は負けたのかなどといった現実的な面を観察しました。武士あるいは士族にはもともとそういう意識があった。明治政府も四民平等政策を行いつつ、士族については名誉を保つべき集団と位置づける。

ちょっと下卑た話ですが、士族が今日的な意味での風俗店を営むことは禁止されていた。政府の官吏になる人間は一〇〇％士族ではなく、庶民出身でも登用される人たちがいた。廃刀令以前であればそういった人たちは刀を帯びるなど、武士の格好をすることが認められていた。全体として士族は名誉を保つべき集団として扱われ、政府も士族自身もそういう位置づけをしていた。

たとえば旧斗南藩士（現・青森県東部）たちは、自分たちは家禄がもらえなかったということで訴訟を起こし、一九一七（大正六）年に勝訴しています。廃藩置県の後、大蔵省は斗南藩から引き継いだ扶持米を一種の給付金のようなものとして位置づけ、家禄と認めなかったため、斗南藩士の大半に金禄公債証書が支給されなかった。これは不当な措置だということで、大正時代に入るまで延々と請願活動を行い、最後は行政裁判所で勝訴するわけです。その時に返ってきたお金は微々たるものでしたが、彼らは何のためにそんなことをやったのか。彼らは「自分たちはちゃんとした武士であった」という名誉意識を回復しようとした。彼らは勝訴で得たお金で、戊辰戦争で犠牲となった東軍兵士が眠るお墓の傍らに裁判に勝ったという記念碑を立て、残りは宴会を開いてきれいに片づけてしまった。そういうエピソードが残っています。

知事の家禄の実態

——石高の一割を知事家禄とするということですが、今の都知事は東京都内の税収の一割ももらってないじゃないですか。一割もらえたということは、江戸時代と比べて藩主は豊かになったのか。あと、それはいつから減らされたのか。廃藩置県の後、知事はそんなにもらっていないのか。

基本的には、廃藩置県以降も税収の一割はもらえました。廃藩置県の時に各藩から帳簿が出され、そこには知事の家禄が明記されており、それがそのまま継承されました。今日の説明では端折《はしょ》りましたが、一番多い金禄公債証書の利子は七％ですが、ほとんどの大名華族は士族より高い額面の金禄公債証書を五％の利子付きというかたちで交付されました。多くの大名華族は金禄公債証書を元手に鉄道会社や銀行を興し、そういうかたちで資産を蓄積していきました。

ただし、これはかつての殿様の家の個人的な経費として使われたわけではなく、一種の財団として維持されていった。また、農地や山林を買うなどして地主化した大名華族もいて、彼らは今でも経済力を持っている。要するに個人の家というよりは団体として、一定の資産を持った組織が継続していくわけです。そういった資金で学校をつくったり、あるいは育英会の奨学金に充てたりして再生産していく。あるいは士族たちの格式を保つために使われました。

大名はどの程度、手元にお金を入れていたのか。これについては明確な規定がありませんが、けっこう節約していたというケースもあります。ただ、版籍奉還の見返りの措置によりお大名の家自体は経済力を保障され、むしろ裕福になったと思います。

――旧藩主ではなく、東京から派遣された知事はどのぐらいもらっていたんでしょうか。

東京から派遣された知事は大蔵省が定めた当時の給与規定に基づき、給料をもらっていた。これは藩の規模にもよりますが、藩制時代の知事の家禄よりはさすがに少なかったと思います。大きな藩だと、旧大名家の知事時代の家禄のほうが圧倒的に高かったのではないかと思いますが、小藩だとどうですかね。一口に藩と言っても加賀百万石から一万石の藩までいろいろあるので、状況はまちまちだったと思いますが、国持大名クラスは相当な資産を形成していたことは間違いない。そういったところであれば、新しくやってきた県令の給料よりは知事の家禄のほうがずっと高かったのではないかと思います。

不満を持った士族の動き――西南戦争

士族の中では政府に対して不平を抱き、反乱を起こすような人物が出てくる。今の教科書はそうではないと思いますが、少なくとも私の若い頃は次のような記述が見られました。四民平等政策を行い、金禄公債証書を発行することにより家禄を廃止してしまった。食うに困った士族はそれに不満を持ち、萩の乱や神風連の乱を起こした。私たちはそう説明されていましたが、実際に反乱を起こした士族の多くは中国・九州地方の人たちだった。

それではなぜ、戊辰戦争で大幅に家禄を減らされた東北地方では反乱が起こらなかったのか。これには三つの理由が挙げられます。まず、当時は政治的な背景のほうが圧倒的に強かった。有司専制、つまり大久保や岩倉など限られた指導者たちが世論を踏まえずに政治を司っており、これが後の自由民権運動などにつながっていきます。

そして廃藩置県の後、急速に集権化が断行される。自分の藩の出身者でない人が県令になり、いろいろな近代化政策を進めていきますが、これはともすれば地域社会のあり方、伝統を破壊することにもつながる。さらには、文明開化は本当にうまくいっているのかという疑念も出てきます。

あと、これはどの時代でもそうですけれど対外政策に対する不満がありました。政府は外国にしっかり対応していないではないか。特にクローズアップされたのは朝鮮との問題で、征韓論というのが出てくる。机上の空論として「実際に朝鮮に軍事的に進出し、植民地にする」ということを唱える人はいたかもしれませんが、その立場は微妙でした。実際には一八七六（明治九）年に日朝修好条規が結ばれると、征韓論は一時的に鳴りを潜めるわけですが、そういった中で西南戦争が起きます。

鹿児島というのは例外的にかなり独立的な体制を維持しており、維新の英雄・西郷隆盛がその中心になっていた。政府にしてみれば、これを何とかしなければ集権化は徹底されない。これが西南戦争の原因となるわけです。西南戦争の特徴は集権化の貫徹です。徴兵制の軍隊とは別に、士族が軍事的な要員として大量に動員される。すなわち徴兵軍隊と抵触しないように、召募巡査というかたちで動員されます。有名なところでは、西南戦争最大の激戦となった田原坂《たばるざか》の戦いで臨時に編成・投入された抜刀隊（白兵戦部隊）というのがありますが、ここでは一時的ながら士族の兵力が最大限活用された。

政府に不満を持つ士族は少なからずいました。九州では征討令が出ている薩軍に味方する士族もいましたが、結局のところ、大部分の士族は天皇の側についた。政府は秩禄処分のアフターケアとして士族授産を敢行します。教科書などを見るとこれはほとんど失敗し、「武家の商法」などと揶揄《やゆ》されている。これについてはもともとベンチャー的な発展が期待されていたものの、事業として継続できないケースがほとんどでしたが、果たして教科書で言われているほど失敗した政策だったのか。これについてはいろいろな考え方があるだろうと思います。

――当時、薩摩藩は独立的で、ここを屈服させないと中央集権が達成されないという考えにより、政府は西南戦争で薩摩藩を征討しようとした。明治維新の達成において薩摩藩というのは中心となる重要な藩で、地主化した城外士（郷士）と城下士との対立があったとはいえ、諸改革においても先頭に立っていた。版籍奉還も幕末期に中心的な役割を果たした四藩（長州・薩摩・肥前・土佐）が先頭に立ってやったわけですし、そういう意味では他の藩より有利な立場だったと思うんです。実際、高知藩などは改革を先取りして自分たちの地位を上げようとしていたというお話もありました。しかしそれにもかかわらず、西南戦争は薩摩藩を中心として勃発した。これは、薩摩藩は一枚岩ではなかったということだと思うんですけど。

薩摩藩というのは家臣団の数も多く、とにかく制度が複雑で、他の地域とはまったく違う土地制度、家禄の制度を持っていた。これはなかなか一本化できず、どうしても地元の人間を使わざるを得ない。地元ではそういう問題が残されていた。それから先ほど、各藩はそれぞれ軍事力を持っていたと言いましたけど、その中でも特に量においても質においても、それから武器弾薬を生産する技術力においても薩摩藩というのは突出した存在だった。たとえば陸海軍が使う砲弾の生産の中心は大阪の砲兵工廠《こうしょう》だったわけですが、それに次ぐのが島津斉彬《なりあきら》以来蓄積された鹿児島の軍事工場だった。あと前後逆になりますが、明治に入ってから各藩は政庁が置かれている地名を名乗るようになったので、この時点から薩摩藩は鹿児島藩という名称に変わります。

鹿児島藩の中核を占めたのは城下士の下層から進出し、戊辰戦争の時に一番活躍した隊長クラスの人たちです。重臣の家禄は大幅に抑制しつつ、戊辰戦争の戦力となった集団は逆に強化されていった。長州藩は長州諸隊をリストラし、それにより反乱が起きたりするわけですが、鹿児島藩の場合は戊辰戦争の中核となった軍事力をそのまま温存していく。それをどういうかたちで落ち着かせるのかということが、鹿児島出身である大久保利通にとって非常に悩ましい問題となりました。

また、政府も挑発的なかたちで城外士（郷士）と城下士の対立を利用した。鹿児島では明治六年の政変後に私学校という教育組織がつくられますが、鹿児島士族の結束の中心となったこの組織をいかにして解体していくか。県庁も警察もすべて私学校が牛耳っていたので、これを政府の方針に順応するようなかたちにしていかねばならない。政府の指令がまったく効かないというわけではないのですが、鹿児島藩は独自の軍事力を維持し、旧来の複雑な制度を緩やかに改革しつつも、基本的古い制度が温存されていた。

これを解消しない限り、鹿児島だけ独立王国になってしまう。木戸孝允はそのように批判しているわけです。ただ、これだけの軍事力を持った集団をいかにして国家の枠組みの中に定着させるか。それがうまくいかなかったので、最終的には西南戦争というかたちになってしまったわけです。

――お話の最後のところ、いわゆる不平士族の政治運動に関するところで「これには秩禄処分の影響がなかったとは言わないけれど、それ以上に政治的背景が重要だ。つまり、政治過程から締め出されたという感覚が重要だ」とおっしゃっていました。たとえば、東北の人間はなぜあまり反乱を起こさないのか。おそらく彼らにはそもそも、自分たちも中央の政治過程に参与できるという感覚がなかったのではないかと思うんです。一方で鹿児島や長州の場合、政治過程に参与できる可能性はあるものの、どうもそこから排除されてしまっている。そういう理解でよろしいでしょうか。

そうですね。

――授業のなかでおっしゃったこと、薩摩は一体ではないということをうまくあわせて理解すると、ある程度イメージがつかめてきそうな気がします。ありがとうございます。

西郷の本心

――西南戦争の前年、一八七六（明治九）年一一月から数カ月間、地租改正反対一揆《いっき》が起きているじゃないですか。それ以外にも神風連《しんぷうれん》の乱や萩の乱など不平士族の乱が起きている中で、西郷隆盛はなぜ、地租改正反対一揆が沈静した翌年のタイミングで乱を起こしたのか。もし状況の打開を狙っているのであれば、地租改正反対一揆と同時に反乱を起こすべきだと思うんです。西郷隆盛は不平士族の不満を解消するためだけに、西南戦争を起こしたんでしょうか。

これについてはテレビでも一度話したことがあるんですが、西郷隆盛は西南戦争に中心的に関わったわけでは決してない。いわば担ぎ上げられ、不本意なかたちで挙兵に賛同したわけです。たしかに明治九年には、地租改正反対一揆が盛んに起こった。この当時たまたま米価が下がり、課せられた地租が高負担になった。農民の一揆というのは生活の安定を求めるものですから参加者の数も数万人規模になり、政府は地租減租というかたちでそれに対応した。

神風連や萩などといった一連の乱は、どういうかたちで決起したのか。これらはたまたま金禄公債証書発行条例が公布された数カ月後に起きたわけですが、朝鮮との問題が解決し、廃刀令さらに金禄公債というかたちで「四民平等」の政策を実行に移した。地方でくすぶっている士族たちがいて、彼らは国事に参画しようとして政治過程から排除されていた。そういう中である程度横断的な連携があったと同時に、政府のほうも地方に密偵を派遣し、内情を熟知したうえで敢えて立ち上がらせるということを行っていました。

政府は基本的に、地方の士族の指導的な人物をいかに取り込むかに腐心していた。中央官庁に引っ張り込んだり士族授産政策を行ったり、いろいろと懐柔策を取るわけですが、どうしても政府になびかない連中を敢えて決起させ、撲滅する。しかし、西郷はそれには乗らなかった。幕末以来蓄えられてきた薩摩藩から続くエネルギーをどういうかたちで落ち着かせるか。彼はそういうことを考えていた。ただ政府からすると、そうした軍事的な能力を持つ集団が温存されているのは脅威であった。そのためまず城下士と郷士の対立を利用し、組織を弱体化させようとした。

もうひとつは鹿児島にあった武器弾薬を接収し、東京に運んでしまう。危険地帯に軍事工場があり、弾薬が蓄積されるのはよくない。ただ、そういうことを眼前でやられた私学校の若者たちはどう思ったか。先輩たちは幕末に京都で走り回り、あるいは戊辰戦争で活躍した。しかし自分たちは、そういった国事に加わる機会が得られないまま埋没していくだけなのか。西郷はそういう若者たちのストレスを抑えることに苦心していたわけですが、彼がたまたま鹿児島から離れていた状況の中で、若者たちが先に決起してしまう。起きてしまった以上、もはや流れに任せるしかない。それが彼の心境だったと思います。戦争が終盤になってから西郷はようやく前面に出て、一番中心的な人物を引き連れ、九州山地を越えて鹿児島に帰還して城山で全滅する。自分が暴発させてしまった薩摩藩のエネルギーがこれ以上激化し、内乱的な状況に発展しないようにするために、自らの命を含む火種を消してしまった。これが西南戦争時の西郷の心境だったのではないかと思います。

このあたりをもう少し知りたい方は私の書いた『西南戦争と西郷隆盛』(吉川弘文館、二〇一三)をお読みください。

廃藩置県と版籍奉還

――廃藩置県について、危惧された藩側からの抵抗は皆無だったとのことですが、勉強していて「なんでそうなったんだろう」と不思議で。頭に浮かんだのは、薩摩で島津久光が廃藩置県に抗議を示し、自邸の庭で一晩中花火を打ち上げさせたというエピソードです。調べたところによると、これが唯一の抵抗の例だったそうですが、なぜ他の藩は廃藩置県に対して抵抗しなかったのか。それについてお聞きしたいんですが。

これは有名な話なのですが、東京から「鹿児島藩を解消し、島津忠義の知事の任務を解く」という指令があった。それが届いた時、島津家の実質的な当主だった久光は激怒し、錦江湾で花火を打ち上げさせて鬱憤を晴らした。これはかなり伝えられている話です。ただ久光が、自分の息子で藩主であった忠義に書いた手紙には次のようなことが書かれている。いずれは必要な措置だと思ったが、臣下である西郷が自分に断りなしにこういった措置を強行したのは許せない。久光は廃藩置県に反対したというよりはむしろ、西郷の手続きを欠いた、自分に挨拶がないということに怒った。彼からすればこれは非礼であり、それで激怒したわけです。

廃藩置県後、どこの藩が軍事的な抵抗をしてくるだろうか。やはり一番心配されたのは薩摩なので政府は事前に手を打ち、西南戦争で中心になっていく城下士の軍事力の中核部分を御親兵として東京に行かせた。実際には廃藩置県が断行されると、ほんの少数ではあるものの鹿児島に帰った人たちもいました。ただ版籍奉還によって制度的には、かつての大名はもはや領主ではないということになった。

藩知事の辞令では、世襲について必ずしも明記されていなかった。版籍奉還から廃藩置県までたった二年だったので、代替わりして息子が知事の地位を継承したケースはそれほど多くはありません。ただ唯一の例外としては、福岡藩が贋金《にせがね》をつくったということで処分されました。一八七一（明治四）年七月二日、福岡藩知事・黒田長知《ながとも》が罷免され、知事の代理として有栖川宮熾仁《ありすがわのみやたるひと》親王が任命されますがその直後、同年七月一四日に廃藩置県が行われたため、わずか一二日という短い任期に終わりました。知事という立場が永続するものではないことは、島津家の人々もわかっていたのではないかと思います。戊辰戦争の中核的な兵力は天皇に直属するかたちで再編されたため、それに抵抗して立ち向かう気力はなかった。あと藩の経済がガタガタになっている状態だったので、敢えて一戦を交えるという動きは生じなかったのではないかと思います。

――すると、版籍奉還と廃藩置県という、結果として二段階の政策をとったことにはそれなりの効果があったんですね？

そうですね。版籍奉還で制度的には土地と人民をお返しした以上、廃藩置県を即断行してもおかしくはないのですが、当面は各地方の自主的なかたちでの支配に任せる。そのかわり、しっかり改革をやりなさい。そういうかたちだったわけですが、このままだと日本が立ち行かないということで一気に廃藩置県を断行するわけです。

各地方は約二年、自主的に改革をやったけれどもうまくいかない。高知や米沢、彦根が熱心に改革を推し進めていったのは、遅かれ早かれ廃藩置県が起きるだろうという考えがあったからです。その段階で自分たちが改革を先取りして断行し、なんとか政府の中枢に割り込みたい。彼らにはそういう思惑があったわけです。逆に薩長の側からすると、このような動きが活発化すれば主導権を奪われかねない。そこで軍事・財政部門の若手が兄貴分を突き上げるかたちで、一挙に廃藩置県という流れになった。このように薩長が結束して一気に断行されましたが、政治的な流れも関係しています。このままぐずぐずしていたら、薩長が握った主導権が奪い取られることはないにしても、割り込まれる恐れがある。そういう意識は多分にあったのではないかと思います。

彼らはそのようにして廃藩置県を促進したわけですが、受け取る側はどう対処したのか。これはテキストには書いてないのですが、たとえば福井にはアメリカから来たウィリアム・グリフィスというお雇い外国人がいて、廃藩置県のニュースが届いた時の福井の様子を印象的に描いています。政府に出仕している由利公正《ゆりきみまさ》を斬《き》れと慌てふためく人物もいた。みんな衝撃を受けたけれども、何人かのちゃんとした武士たちは天皇の命令を褒めている。中には「これで日本は良くなる。これから先、いずれ日本はあなたの国のように将来発展するだろう」と意気揚々と前途を語る若い藩士もいた。グリフィスはそういうことを伝えています。福沢諭吉が批判するように、長いものに巻かれて仕方なしにという面もないわけではないものの、もっと前向きに日本の発展について考えた人たちも多かったのではないかと思います。そういう受け取り方もできるかと思います。

士族は変革後どうなったか

では、変革を受けたかつての武士身分はその後どうなったのか。たとえば金沢の記録などを見ると、少なくとも明治の終わりぐらいには士族の人口は相当減ってしまっていた。それはなぜかというと、金沢から東京などに移住したからです。これはちゃんと調べたわけではないですが、日清・日露の戦間期に城下町の全体的な主導権は旧藩士から資本家へと移っていく。園田英弘さん、廣田《ひろた》照幸さん、濱名篤《はまなあつし》さんの共著『士族の歴史社会学的研究――武士の近代』（名古屋大学出版会、一九九五）には、次のようなことが描かれています。明治国家の根幹にいた人たち、たとえば中央官僚や陸海軍の士官、大企業の管理職というのはどういった階層の出身者によって占められていたか。そこでは士族の割合が非常に高かった。士族は人口のわずか五％しかいませんでしたが、明治期において陸海軍の士官の大半は士族によって占められていた。つまり士族は、言うなればエリートの母体となっていく。

これについて、園田さんは次のように説明しています。能力主義が貫徹されたところでは試験で人材を確保するが、そこで問われる登用水準はだいたい武家の登用水準に見合うようなものであった。ただ立身出世が成功の秘訣《ひけつ》ということが周知されると、人口のうえでは圧倒的に多い平民層も試験制度を利用し、出世に励むようになる。しかし当初は、家業がない武士身分の師弟のほうが軍人・官吏などといったポストに対する志向性が強かった。

廃藩置県の後、天皇のもとで華族・士族が編成されましたが、金禄公債証書が発行された結果、天皇と各藩の士族を利害的につなぐ関係がなくなる。これにより廃藩置県以前とは別のかたちで旧藩主を中心としたつながりが再生され、大名華族は旧藩出身者の団結の核として位置づけられる。そこでは個人的に資金援助するケースもないわけではありませんが、たいていの場合は教育機関を置き、育英会のような基金を設けて士族の師弟にそれを供給する。今でも藩校に由来する地方の進学校ではそういう育英会が残っているところがあり、たとえば九州にはそういう学校がいくつかあると聞いています。そのようにして旧藩士族の間では独自の地域観・国家観が形成されていくわけですが、徐々に、地域から出てくるエリート層は必ずしも旧藩士族の出身者ではなくなっていく。そのため旧藩社会は結局、族籍を超えた県人会的なかたちになっていきます（内山一幸『明治期の旧藩主家と社会』吉川弘文館、二〇一五）。

ではかつての武士身分の人たちは、明治という大きな変革期をどう乗り切っていったのか。これに関しては資料を見つけることがなかなか難しい。日本の近代史においては生活史的な研究が不足しており、これからそこを補っていかねばならないと思います。

あと、近代社会を通じて武士身分特有の価値観・存在感がだんだん希薄化していくにつれて、逆にそれが国民全般に広がっていったという面もあります。たとえば農家や商家の人たちは、自分が戦争に行くという意識を積極的に持たなかったわけですが、陸軍・海軍の軍人を志すような人たちが割と早い段階から出てきて「戦国の武将のような存在になりたい」と言ったりする。それにより逆に家柄に対する意識も強化されていき、いわゆる武士道というものが強調されていく。国民全体が武士的なエートスを共有するとともに固定化された武家集団が徐々に解けていき、近代社会の中に埋もれていく。新渡戸稲造《にとべいなぞう》が『武士道』という本を書いた背景には、そのようなことがあったのではないかと思います。

――維新の際、中央の政争に関わらなかった藩も多かったと思うんですが、そういう藩の士族は改革をどう受け止めていたのか。冷めた目で見ていた部分もあったんじゃないかと思うんですが。

そうですね。それもやはり地域によってまちまちなのではないかと思います。戊辰戦争の端緒となった鳥羽・伏見の戦いが始まった時点では薩長しかいなくて、あとから土佐が加わった。戊辰戦争の段階で、それまで日和見的だった藩が続々と新政府のもとに回る。そういう状況になっていくわけですが、実際に次々と改革が行われていく中ではそれを受け止めていくだけで精いっぱいで、積極的に反応するケースは少なかったのではないかと思います。

廃藩置県の後に東京からやってきた地方長官にはいろいろな人がいて、中には「丁髷《ちょんまげ》を切れ」「刀を二本も差しているのは不便だろう」「家禄を率先して奉還しろ」などと言って旧藩士たちに圧力をかけるような人物もいたわけですが、その一方で穏便に士族の意向を汲《く》み取りつつ、緩やかに改革を行う人物もいた。今ではだいたい統一的で、どこかの県だけ変わった行政をやっているというケースはまれですが、この時点では鹿児島以外でも地方のあり方は多様だった。それが徐々に時間を経るに従って統一化されていく。そういう状況だったのではないかと思います。

ただその一方で何らかの特権・利益が温存されていて、縛りになる部分もたくさんある。たとえば武士は庶民と正式なかたちでは結婚してはいけないという決まりがあったわけですが、そういうことが自由化されると、武士はお金持ちの庶民と結婚できる。時代遅れの特権を維持していてもあまり意味がない。たとえば「平民は馬に乗ってはいけない。馬に乗れるのは武士身分だけだ」という制約がありましたが、それが自由化されてみんなが馬に乗るようになったかというとそうではない。馬を一頭飼い慣らすには大きな負担がかかるので、それをやめてしまうこともできる。武士にとって不愉快な改革はあったけれども、逆に制約が解除された面もたくさんあったのではないかと考えています。

――秩禄処分で士族に対して現金や公債を与えることになったわけですが、武士は仕事をしていなかったわけじゃないですか。それに対して数年分でもお金を与えることに一般庶民、特に農民からの反発はなかったんでしょうか。

農民など一般庶民からどういう反応があったかということは、当時の新聞からしかうかがえないのですが、表立った批判はなかったのではないかと思います。お侍さんは禄をもらって生活している。自分たち農民は年貢を納め、残りの分で生活している。ただ農民でも意識の高い人は、それはおかしいのではないかと疑問に思っていた。とはいえ士族から家禄を強制的に剝奪したことにより生じるリスクを考えると当面は仕方がないけれども、これは早く廃止したほうがいい。だいたいそういう考え方だったのではないかと思います。建白書などを読むとあまり多くはないものの、そういう議論が見られます。

第四講

内閣制度はなぜ導入されたのか？

西川　誠

煮詰まった議論？

昔、東大教養学部の正門を入ったところに同窓会館というのがありました。今は駒場ファカルティハウスという交流・宿泊施設となり、一階はフレンチレストランになっています。私が入学した時、同窓会館でサークルの新歓コンパをやりました。すき焼きパーティーだったのですが、私は新入生なのになぜか鍋奉行をやってまして、煮詰まった玉ねぎを食べたことを思い出しました。

実は内閣制度についての研究も煮詰まった状況が続いているとまでいうと何ですが、研究の最前線といっていいほど活性化しているのかなという気もします。

内閣制度の前は太政官制でした。明治史では「だじょうかん」と言いますが、法令上は「だいじょうかん」です。そもそもは、七〇一（大宝元）年に制定された大宝律令により、天皇を中心とする二官八省（神祇《じんぎ》官・太政官／中務省・式部省・治部省・民部省・大蔵省・刑部省・宮内省・兵部省）の官僚機構を整えた中央集権的統治体制が成立しました。実態はともかく、朝廷では幕末までこの制度が続いている。一八六七（慶応三）年の王政復古の大号令で、「太政官始め追々興《おいおいおこ》させられ」と書いてありますから、新政府の機構は太政官制ということになります。

一方で内閣制度は、現在もありますが、一八八五（明治一八）年一二月二二日、近代的内閣制度として導入されました。

では、まず、内閣とはいったいどのようなものなのでしょうか。高校時代、皆さんは次のように習ったかと思います。内閣とは司法・行政・立法の三権に分立する国家機関のひとつ、行政の中心機関であり、時として国家の最高意思決定機関である。また内閣とは大臣の合議機関であり、下部機構（内閣官房）を持つ。私が学生の頃、中曽根内閣のもとで「内閣機能の強化」という行政改革が行われ、今回もまた内閣官房を削減すると言われています。国家機構の改革、行政改革をする際、内閣をどれだけ支えているかが論点になる下部機関を持っています。

明治国家の内閣制度

明治国家における内閣制度の導入についてお話ししましょう。先ほども言いましたように内閣制度は一八八五年に導入されましたが、実は一八七三（明治六）年五月二日、大臣・参議の合議体として太政官制に導入されています。

一八七一（明治四）年七月一四日に断行された廃藩置県とほぼ前後して太政官三院制とい

う体制となり、正院（最高決定機関）・左院（諮問機関）・右院（各省の意見の調整機関）という三つの合議機関が設けられました。正院・左院・右院という三つの合議体をつくり、正院で最高決定を行うということになりました。ただ、そのメンバーがはっきりしないので一八七三（明治六）年五月に太政官制に内閣というのを導入し、大臣と参議の合議体として明確化しました。太政大臣・左大臣・右大臣、その次が参議ですね。当時ですと木戸孝允《たかよし》、西郷隆盛、板垣退助、大隈《おおくま》重信などが参議ですが、そういった人たちで最高意思決定機関をつくるべく導入されました。法文をよく読むとここに大臣は入ってなさそうなんですが、一応これ以降、大臣と参議の合議体が内閣と言われるようになりました。ただしこれは太政官制下の内閣です。

憲法制定を目標として

ではなぜ、太政官制を廃止して内閣制度を導入したのでしょう。

一八八二（明治一五）年三月、伊藤博文は憲法調査のため随員を伴ってヨーロッパに渡航し、ベルリン大学の国法学者、ルドルフ・フォン・グナイスト（Heinrich Rudolf Hermann Friedrich von Gneist）、その弟子であるアルバート・モッセ（Albert Mosse）からプロイセン憲法の逐条的講義を受けました。また、ウィーン大学の国家学者、憲法学者であるローレンツ・フォン・シュタイン（Lorenz von Stein）に師事して憲法や行政について学び、翌一八八三（明治一六）年に帰朝します。

稲田正次さんの『明治憲法成立史』（上・下巻、有斐閣、一九六〇・六二）は、幕末から憲法ができるまでについて詳しく書かれた本です。伊藤がヨーロッパから帰ってきて、憲法をつくるためにはまず、行政機構を整備しなければならない。憲法をつくるための流れの中のひとつの段階として捉《とら》えられています。実際に伊藤は帰朝後、一八八四（明治一七）年に宮内卿《きょう》と制度取調局長官を兼任し、華族制度を導入するなど、憲法への準備を始めています。

一八八一（明治一四）年に「明治十四年の政変」（自由民権運動の流れの中、憲法制定論議が高まり、政府内でも君主大権を残すビスマルク憲法かイギリス型の議院内閣制の憲法とするかで争われ、前者を支持する伊藤博文たちが、後者を支持する大隈重信とブレーンの慶應義塾門下生を政府から追放した事件）があり、憲法導入が喫緊の課題となっていました。

ではそもそも、なぜ憲法は必要とされたのでしょう。近代的憲法というのは権力者の恣意的権力行為を制限し、人権を守るためにつくられました。王様は人々を牢屋《ろうや》に投獄し、税金を搾り取る。そのような状況から人々、さらには人権を守るために憲法がつくられたというのが一般的な理解です。立憲主義（Constitutionalism）とは支配者の恣意的権力行使に対抗し、権力を一定の内容を持つ憲法の下に置き、制限する原理である。これが近代憲法であり、聖徳太子の十七条憲法とは違うということになります。

しかし江戸時代の日本には、人権思想などというものはなかった。明治維新という大きな革命を起こしてわずか二〇年余りで、なぜ当時の人たちは憲法を必要としたのか。これについて政治学者の北岡伸一先生が『日本政治史』（放送大学教育振興会、一九八九。のち増補版、有斐閣、二〇一七）で下・上・外・内という視点からまとめておられます。

まず「下」ですね。今申し上げましたように、王様による迫害から人々を守るために革命騒ぎ・独立運動が起こり、憲法がつくられている。ところが日本の場合、自由民権運動があったものの、それほど革命騒ぎが起こったわけではない。「憲法をつくれ」という建白書はたくさん出ましたが、ヨーロッパの例からするとそのような動きは弱い。

ですから日本では、政府の側が憲法をつくろうとしたということが強い。北岡さんの言う「上」、つまり政府の側が必要としたということですね。一八七四（明治七）年一月一七日、前参議・板垣退助、後藤象二郎《しょうじろう》らは民撰《みんせん》議院設立建白書を提出しますが、「納税者に参政権を与える」という議論からはヨーロッパの香りがします。ところがこれをよく読んでいくと、次のようなことが書かれている。国民の元気を湧《わ》きたて、国を愛する気持ちに高めていかなければヨーロッパに追いつけない。今は政府が有司（官僚）専制をしているので、国民の元気が抑えられている。国民の元気を湧きたてるためには、幕末以来の公議を高めなければいけない。つまりここでは、国民の人権を守るために憲法をつくるということとは若干違う論議がなされています。

国民のエネルギーを結集させる手段として国会を開き、憲法をつくろう。せっかく前の政権から権力を奪取したというのに、国民に参政権を与える。たとえば岩倉具視《ともみ》なんかは大嫌いだったと思うんですが、参政権を拡大すれば国民に国家の一員としての自覚が芽生え、より強い国家となるという考えが政府首脳に共有される。先程の建白も、板垣・後藤は三カ月前まで政府にいたわけです。参政権を拡大し、人民の政治的エネルギーの拡大と吸収を図るべく、政府の側が憲法・国会をつくろうとしました。

そして「外」、つまり国際標準という視点です。憲法がなければ条約改正はできない。刑法・民法をつくらず、白洲《しらす》に引き立てて膝の上に石を乗せて責め立てていては、ヨーロッパが条約改正を認めてくれない。国際標準に従って、憲法を中心とした法体系をつくろう。

これに対して「内」、政策決定の明瞭化のためにも憲法が必要だった。これは国家の基本法という考え方ですね。木戸孝允は自分が閣議決定に署名していないのに台湾出兵が決まったことに抗議し、一八七四（明治七）年に参議を辞職している。閣議では参議がハンコを押さなくても重要なことが決まってしまうのかと思いますが、明治初めの閣議はそういうものでした。しかし、木戸を明治政府に取り戻したい大久保利通《としみち》・伊藤博文・井上馨《かおる》らは一八七五（明治八）年二月、彼を大阪会議に招待します。板垣もこれに加わり、木戸と板垣は立憲政体樹立・三権分立・二院制議会確立を条件として参議復帰を受け入れ、同年四月に漸次《ぜんじ》立憲政体樹立の詔《みことのり》が発布されました。木戸は国会も視野に入れていますが、決定の仕方についてはっきりさせておかないと何が起こるかわからないと考えたと思います。そのため「内」、政策決定を明瞭化したわけです。

この四つの分類に加え、最近の議論では公議輿論《よろん》の伝統というのが重視されています。「過去」ですね。幕末、公議輿論というのが叫ばれ、全国の議論から正しい論を導こうという主張が強くなります。欧米の議会制の知識を導入し、会議制度によって権力を再編しようとした国家構想です。幕府の統治に参加できるのは、譜代大名のみです。長州藩主と薩摩《さつま》藩主は関ヶ原で負けた側ですので老中になれません。譜代大名がやっている幕府が変な条約を結んでいるので、これを直さなければいけない。そのため幕府の決定に参加していない自分たちの意見も採り上げるようにしろ。幕府の決定には、京都の天皇も外されている。幕府以外の意見は天皇・朝廷に引き寄せられる。幕末において、天皇の権威と公議は分かちがたいものとなります。天皇には神様の権威、伝統的な権威に加えて、代表制を実現する存在としての期待がある。これが最近の研究状況となっています。最前線らしい話になってきました。

一八六八(慶応四)年三月一四日に出された五箇条の誓文の第一条に「広ク会議ヲ興シ万《ばん》機《き》公論ニ決スベシ」とあります。皆さんはおそらくこれについて否定的に習っただろうと思いますが、これが第一条にあるということは、少なくとも新政府は、大名会議はするということです。「公議輿論を重んじなければいけないよ」と言われると、ウッと詰まって、天皇が「会議をする」と言わなければ政権が維持できないのです。

今申し上げたような五つの要因により、早く憲法をつくらなければいけない。対外関係を意識して条約改正し、国際標準に追いつくためには憲法・国会が必要である。国民を形成していくためにも憲法が必要である。さらには一八八一(明治一四)年、政府は一〇年後に国会を開設すると約束してしまっている。そういうことで、革命からおよそ二〇年で国会付きの憲法ができます。

憲法を制定すれば、三権分立がまあ必須で、行政権を持つ行政機構の刷新も考えなければならず、ヨーロッパで勉強してきた伊藤が内閣制度をつくろうとした。こういう分かりやすい議論で、なぜ内閣制度が導入されたか説明される。先ほど触れた稲田さんの『明治憲法成立史』ではそのようなことが書かれています。

太政官制ではなにがまずいのか――①行政の煩瑣

憲法のために行政機関を刷新しましょうという大きい流れはよしとして、では太政官制は具体的に何がまずいのでしょう。これまでの行政機関ではなぜいけないのか。太政官なんて古いから？

太政大臣・三条実美《さねとみ》は「こういうまずいところがあるので内閣制度を導入します」と奏議しています。それに対して一八八五（明治一八）年一二月二三日に天皇が詔勅を出した（「内閣改制ノ詔勅」）。「内閣ハ万機親裁専ラ統一簡捷《かんしょう》ヲ要スヘシ」。つまり、統一して簡単で早い仕事がいい。「従前各省太政官ニ隷属シ上申下行経由繁複ナルノ弊ヲ免《まぬが》レシム」。これまで各省は太政官に隷属しており、太政官に許可を得て行政をしてきたが、煩雑《はんざつ》である。三条が挙げた欠点はもっともだから、内閣制度を導入する。この詔勅ではそのようなことを言っています。

大宝律令以来の太政官制というのは基本的に、納言《なごん》の下に各省が付いているという構造です。各省はいろいろな議題を太政大臣たちの会議に出し、そこで許可を得て実行する。これは、各省が個別に行政することは制限されていると読むこともできる。加えて革命政権ですから、決定権は集中させた方がいい。一八六八（明治元）年閏《うるう》四月二一日の新政府の機構を詳しく定めた「政体書」で「天下ノ権力総《すべ》テコレヲ太政官ニ帰ス、則《すなわち》政令二途ニ出《いづ》ルノ患無《うれいな》カラシム」と宣言しています。

これら二つのことから構造的に、決定は太政官・太政大臣が決裁するのが基本です。行政の先例が重なり確定事項となれば各省に委任していく、そういうかたちで各省の権限が決まっていきます。しかし未確定事項は不断に最終決定の場に上がって来ますし、特に省の間の対立が起こると内閣に決定を委ねようという動きが起こる。つまり構造的に太政官への入力が増えて来ることになっています。先程の天皇の詔勅で述べる事態です。

入力が多いということへの対応は大きく二つあります。太政官への入力量を減らす、入力量を変えず処理能力を高める。処理能力の向上には、内閣そのものの決定力を強めるかスタッフを充実させて事務処理能力を高めるかの二つの方法が考えられます。もちろん両方を行うという選択もあります。太政官制はずっと事務処理能力を高めることを試みてきました。

すなわち内閣官房組織を拡大していき、有能な若い人にいろいろなことをやらせようとした。内閣書記官局・法制局が整理され、後に一八八一年には拡大した法制局と捉《とら》えていい参事院ができました。しかし、この方法でやっていたらいつまで経《た》っても入力量が減らず煩瑣《はんさ》なままである。そこで考えを変え、入力量を減らすとともに、決定力を高めようということになって内閣制度を導入する方向に進んでいったわけです。入力を抑えるためには、各省の委任権限や大臣の権限を高めたほうがいい。そして、所属部局は内閣書記官局と法制局に縮め、法律に関することは法制局でちゃんと検討し、それ以外のどうしようもないものは内閣書記官局が対処する。このように考え方を大きく変換したのです。

内閣制度を導入して間もなく、伊藤は一八八六（明治一九）年に各省官制通則をつくり、省をすべて同じ機構でつくるという改正をします。各省に権限を委譲し、省機構を標準化することにより、何から何まで内閣に上がってくるのを防ぐ。内閣制度によって、行政の処理の在り方を変えようとした、これが導入のひとつの理由であろうと思われます。

太政官制ではなにがまずいのか――②権限の不明確

太政官制では立ち行かない二つ目の理由として、権限の不明瞭というのがあります。

原則的には、参議と省卿は異なった官職でした。参議というのは内閣の評議参加者、省卿というのは省のトップで、閣議参加者と長官が分かれていた。現在でいえば麻生《あそう》太郎さんは財務大臣で財務省の長官ですが、内閣に入っていいという資格がなければ閣議に参加できない。これが太政官制の特徴で、各省の個別利害が国策決定を左右しないようにするため、このような形を取っていました。大久保利通は維新の三傑と言われ、王政復古以来政府の中心にいたわけですが、彼は明治六年政変の時、大蔵卿ではありましたが参議ではなかったため内閣会議に出席できなかった。大久保が内閣会議に出ようとするならば参議にならなければいけないのですが、そうなれば西郷隆盛と対立するのは目に見えている。ですから岩倉が説得するのですが、大久保は西郷との対決を決意するまで半月ぐらい参議兼大蔵卿にならなかった。

また、天皇への上奏権は太政大臣しか持っておらず、参議・省卿は政治的に軽かった。内閣制度でどのように変わったのでしょうか。各省の長官を大臣とし、閣議に参加させて国策を決定する、という形にしました。各省への決定権限を増やし、その代表として閣議に参加して国策を決定することとしました。内閣を明確に最高国策決定機関としたわけです。

そして上奏権を持つのは総理大臣だけですが、一八八六（明治一九）年に伊藤博文首相が機務六条というのを明治天皇に認めさせます。各省大臣が天皇に会いたいと言ったら、明治天皇はこれを拒否してはならない。明治天皇がこれを認めたので、大臣も用があれば天皇に会えることになりました。

決定力を高め、最高政策決定機関は総理大臣・各省庁大臣の合議の場である内閣とし、それにふさわしいメンバーシップを確立した。そして各省を分任させ、官庁組織を整理した。行政機構を整備して各省の委任権限を決め、決定の一部だけが内閣に上がってくるようにした。憲法をつくるため、そういう改革を行ったわけです。

太政官制ではなにがまずいのか――③太政大臣の政治力

大きな制定理由は以上の通りですが、ではなぜ、一八八五（明治一八）年一二月に内閣制度が導入されたのか。これは一九八〇（昭和五五）年頃に活性化した議論です。代表的な研究としては、御厨貴《みくりやたかし》先生の『明治国家形成と地方経営』（東京大学出版会、一九八〇）が挙げられます。

一八八一（明治一四）年まで日本は深刻なインフレに見舞われていました。一番の理由は紙幣供給量が増えたことで、非常にわかりやすいインフレが起こったわけです。西南戦争の戦費調達のため、政府は四二〇〇万円の不換紙幣を発行しました。今で言うとマンションより安いぐらいですが、当時の国家予算に匹敵します。今の国家予算は一〇〇兆円ですから、西南戦争にはおよそ一〇〇兆円の戦費がかかったことになりますが、政府はお札を刷ってまかなった。これによって、インフレが起こりました。財政問題は明治十四年の政変の理由のひとつになりましたが、政変後、大蔵卿松方正義は一所懸命この状況を打開しようとします。

松方はここで、非常に簡単な政策を取ります。紙幣供給量が問題になっているのだから、減らせばいい。では紙幣を減らすにはどうすればいいか。財政支出を抑制し、なおかつ増税によって歳入を増加させ、余剰分のお札を処分してしまえばいい。このようにして紙幣をどんどん減らしていきました。消極財政（緊縮財政）で、一八八一（明治一四）年から一八八五〜八六（明治一八〜一九）年まで松方デフレという深刻な不況が起こります。

しかし通貨維持のための緊縮財政が行われて数年経つと、いくつかの課題が発生しました。ヨーロッパに追いつき、近代化・西洋化することが明治政府の目標でした。大久保利通はまず政府が工場をつくり、技術移転して民間が盛んになればいいと考え、政府主導で近代化を推し進めました。殖産興業ですね。しかし、松方財政下ではこの政策は後退していましたが、このままではちょっとまずいのではないかという議論が徐々に出てきました。

また政府の政策展開には、安定した社会が必要です。一八八四（明治一七）年一〇月から一一月にかけて秩父事件が起きたように、不況で地域社会が不安定化しています。地域社会を安定させるためには、何らかの改革を行わなければならない。

たしかに緊縮財政は必要だけど、その一方で近代化もしなければならない。近代化の一環として産業をつくり、地域社会を安定させるために、何か方策はないか。そこで、道や川などといったインフラを整備してはどうか。また国家財政が厳しくなって教育費・監獄費・警察費をすべて地域社会で負担するようになってきているのを、国庫負担に戻してはどうか。こうして、大蔵省・内務省・農商務省・工部省あたりがそれぞれプランニングを開始します。そこでどこの省が主導権を握るかということで争いが始まる。一八八四年ぐらいからそういう政策対立が顕著になってきました。

そしてもうひとつ、一八八四年に朝鮮の首都・漢城（現在のソウル）で甲申事変が起こります。一二月四日、親日派の金玉均・朴泳孝ら急進開化派が暴動を起こして王宮を占領し、開化派政権の打倒を図った。日本軍も出動しましたが清軍に敗れ、クーデタは失敗しました。これにより親日派は崩壊するわけですが、そうなると日本はどういう面で困るのか。清という大国の影響力が国境のすぐそばまで来てしまうからです。そこで安全保障上、軍事改革をやる、そのための軍事費を捻出せねばならなくなります。

近代化、ならびに地域社会の安定のためには財政出動をしなければならない。そして、軍事改革を行わなければならない。一八八五（明治一八）年にちょうど、これら二つの課題がクローズアップされます。

ところで、政権のトップである太政大臣三条実美は、こうした大きな問題を決断する能力に欠けていました。明治維新後は、誠実でいろいろなことに目を配る調整型の政治行動を取っていました。そして公家出身のために自らを支える力に欠けています。薩摩・長州出身者のように地縁的な集団が背景にいない。それであちらこちらに配慮しますから、ますます決断ができないということになります。そこで三条では省庁再編や軍事改革ができないという判断が共有されるようになります。一八八五年の五月頃から伊藤博文とその盟友・井上馨が「三条はやめさせよう」と言い始めます。

太政官制の欠点の三つ目、太政大臣の政治力が欠け、薩摩・長州出身の参議たちが政治力を持っている、そのことを解消しようとしたということです。この点は、①（行政の煩瑣）で述べた決定力を高めるということの解決策にもなります。

なぜ一八八五年なのか

あらためてなぜ一八八五年だったのでしょう。近代化のために省庁再編・軍事改革を行わなければならないという課題が明確となったのが八五年。そのため政権トップの三条を辞職させようという動きが始まり、明治天皇と三条がそれを認めたのが一二月ということになります。

一八八五（明治一八）年一二月二二日に内閣制度が導入されるとともに、結果として工部省の廃止が確定します。直接経営路線、つまり政府が直接工場を経営して殖産興業するのをやめることは、一八八〇（明治一三）年一一月五日の工場払下概則制定（官営工場払下げ開始）でほぼ決まっているのですが、その方針を改めて確認する。各省がいろいろと提案した中で、工部省の提案は選択しない。内閣制度の導入とともに、省庁間の対立を解決したことになります。

さて、三条がやめたことにより、最後の公家出身のトップリーダーがいなくなります。明治の初めですと、大名出身の伊達宗城《むねなり》や松平春嶽《しゅんがく》が卿に就任したりしていますが、これで政治の世界に公家と大名はいなくなった。公家出身の大臣は西園寺《さいおんじ》公望《きんもち》までしばらく出てきません。大名や公家にたいする尊敬は残っていました。何ら行政機関のトップでもないのに

「徳川家達《いえさと》を首相にしよう」という動きがポッと出てくるように、人々の間に尊敬、貴種信仰はあるのですが、公家・大名出身の閣僚はいなくなりました。

そして実力者の薩長参議が大臣となって政治を主導していくという体制になりました。藩閥内閣の成立です。

――なぜ内閣制度が導入されたのが一八八五年なのか、いまひとつ納得できません。伊藤が思い入れのあった制度の導入時期をそういう理由で決めるということに、むしろ違和感を覚えました。組織をいじったのは工部省の廃止だけであとは人事ですが、それが内閣制度という大組織改革の動機になるんでしょうか。

廃止されたのは工部省だけですが、ほかの行政改革も行われました。参事院という肥大化した法制局には勅任官に相当する官僚が兼任を含めて二〇人ぐらいいましたが、後継の法制局では勅任官は一人になります。農商務省が企画していた構想（農商務省を中心として再び財政援助をして各地域の産業施設にお金を回す）も中止に追い込まれています。導入の効果はこのようなものです。また、さきほど述べましたように甲申事変を契機とする海軍の軍艦の問題や陸軍の改正の問題も出てきました。八五年初夏のことです。行政整理をすれば財政の余裕を高め、それを海軍建設に回すことができる。そのため八五年に内閣制度の導入を目指すわけです。そして、明治天皇や三条が受け入れたのが一二月だったのです。

弱い内閣

先ほども言ったように、なぜ一八八五年に内閣制度が導入されたのかについての研究が、一九八〇年頃に出揃《そろ》いました。このころ行政学の泰斗、辻《つじ》清明氏は、内閣制度導入の理由を国会対応説（憲法制定の準備ということです）、伊藤の野望説（③と八〇年頃の説に当てはまります）、内閣統合説（①・②に当たるでしょう）の三つに整理されていますが（辻清明・林茂編『日本内閣史録』1、第一法規、一九八一）、これが定説化します。冒頭の言葉を使えば、煮詰まったわけです。

もう一つ煮詰まっていたものがあります。内閣のイメージです。第二次世界大戦の敗戦後早くから、戦前の内閣にたいするイメージが固まっています。今までは内閣ができるまでの話ですが、ここからは明治天皇の時の内閣のあり方について、あるいはそれについての評価についてお話しします。

今申し上げたような経緯を経てできた内閣は、一般的にはなぜか「弱い内閣」だったと言われています。明治憲法下で内閣は弱かった。まず、首相に統合力がない。そして明治憲法の割拠性により、国家諸機関への統合力が弱い。内閣の中で総理大臣が強いということ、国家機構の中で内閣が強いかどうかということは重なるところもあり、微妙に違うところもあるのですが、内閣の中で総理大臣の権限が小さい、内閣は国務の中心ではないという二つの点で、「内閣が弱い」ということが定説になっている。

皆さんもご存知だと思いますが、統帥権の独立というのがありますね。統帥権というのは軍隊を動かし、どこでどう戦争するかを決める権限で、これは天皇大権として天皇が持っています。天皇が統帥権を持っていますが、参謀本部と軍令部、戦争が始まると大本営が補佐（輔翼《ほよく》）します。ところが、内閣総理大臣は大本営に入れない。外交するのは内閣ですが戦争をするのは大本営で、バラバラである。このような状況を明治憲法の割拠性といいます。国家の諸機関を統合する機関がないということです。

首相の統合力の弱さには、歴史的事例があります。一九四一（昭和一六）年、第二次近衛《このえ》文麿《ふみまろ》内閣の時、近衛は渡米も視野に入れ、日米交渉を目指していましたが、外務大臣・松岡洋右《ようすけ》が反対します。それならば松岡を解任すればいいのですが、近衛は「外務大臣を罷免《ひめん》できない」と言って同年七月に内閣総辞職する。それでもう一度自分が首相になり、松岡を外して第三次近衛内閣をつくり、日米平和を実現させようとします。

ここからもわかるように、首相は大臣をクビにできない。今であれば安倍首相が大臣をクビにしようと思えばできるのですが、戦前はそれができなかった。実際に罷免権は明記されていませんから、「大臣をクビにできないぐらい、総理大臣って弱いのね」ということになる。各省の長官の首を取れないということは、各省の割拠性も高まる。先ほど言った統帥権の独立のみならず、各省が自由勝手にできる。

第四次伊藤内閣で伊藤博文が総理大臣を辞めると言った時、大蔵大臣だった渡辺国武が「私は天皇から大臣に任命されたので辞表を出すのは嫌だ」と言い、辞表を出すことを拒否しました。ですから一九〇〇（明治三三）年ぐらいまでわりとみんな、総理大臣は大臣をクビにできないと思っていたようです。

それが顕著に表れているのが、内閣職権（一八八五（明治一八）年一二月）から内閣官制（一八八九（明治二二）年一二月）への変化です。内閣職権は内閣ができた時の内閣設置法ですが、それから四年後、内閣官制という新しい設置法ができます。では、これらはどう違うのか。内閣職権では「内閣総理大臣ハ各大臣ノ首班トシテ機務ヲ奏宣シ旨ヲ承テ大政ノ方向ヲ指示シ行政各部ヲ統督ス」と書いてありますが、内閣官制では「……旨ヲ承ケテ行政各部ノ統一ヲ保持ス」となっており、「大政ノ方向」という文言が削除されている。また「行政各部ヲ統督ス」から「行政各部ノ統一ヲ保持ス」になっている。これにより内閣総理大臣の権限が弱まり、権限の強い大宰相から内閣会議の議長（同輩中の首席）である首相へと変化したと言われています。言葉を換えますと内閣官制により、内閣総理大臣の各省大臣にたいする優越性が否定されたわけです。

さらに法律的に言いますと、法律命令に首相と主任大臣が副署するという総理大臣副署主義から主任大臣副署主義に変わります。立憲国家において国王は悪を成し得ないので政治責任を取らず、大臣が代わりに政治責任を取る。これはヨーロッパ型の決まりですから、明治憲法の第三条「天皇ハ神聖ニシテ侵スヘカラス」は決してオカルトではないわけです。それはともかくとして、法律を出す時、その法律の責任を天皇に負わせることができないので大臣が署名する。内閣職権ではそういう時、総理大臣が必ず署名することになっていたのですが、内閣官制では「各省大臣が副署する」と変わります。これにより総理大臣の力が弱まり、優越性がなくなった。内閣制度導入から四年でこのような変化があり、先ほどの近衛の例のようにこれが敗戦まで続く。それで「総理大臣って弱いのね」、「内閣の統合力って弱いのね」ということになります。

憲法になぜ内閣がないか

憲法は伊藤がつくりましたから、「伊藤は内閣についてそう考えていたのか」と思いますよね。憲法第五五条には「国務各大臣ハ天皇ヲ輔弼《ほひつ》シ其《そ》ノ責ニ任ス」と書かれています。国務大臣単独輔弼制といい、国務大臣が天皇を個別的に補佐すると解されます。ここには「内閣が天皇を補佐する」とは書かれていません。そもそも明治憲法には内閣についての規程がありません。一八八五（明治一八）年に内閣制度を一所懸命つくったけれども、ちょっと合わないところがあるので、憲法をつくった時に内閣の力を弱めた。そういう流れだったのかで納得が成立するわけです。

憲法にはなぜ内閣の規程がないのか。憲法制定にかかわった明治国家の知恵袋・井上毅《こわし》は次のように考えました。イギリスは連帯責任による政党内閣制で、政党が権力を奪取している。内閣で連帯責任制を取れば、政党内閣になる恐れがある。井上毅というのは非常に頭のいい人ですが、これについては誤解したようです。政党内閣だから連帯責任制になるというのはわかるのだけど、連帯責任制だから政党内閣になるというのは正しくない。まさに「逆は真ならず」なんですが、井上毅はこれを熱心に主張しました。天皇が個別に大臣を任命していることが大切だと説くのです。伊藤は、太政官制をやめて、総理大臣が各省大臣を指揮する内閣制度をつくったわけですが、憲法制定の時は「真の連帯責任は政党内閣でないとできない」と言っている。井上の錯誤・誤解に伊藤も引きずられて内閣についての規程を書けなくなったのでしょう。

歴史の流れの話に戻りますと、憲法発布後、一八八八（明治二一）年四月からの黒田清隆内閣では大隈重信が外務大臣となります。大隈は、不平等条約改正の条件として外国人の裁判官を導入するという案を出しますが、政府内でも反対が起こります。黒田は大隈をかばい、議論が起こらないように閣議を開かないという無茶をします。一八八九（明治二二）年一〇月一八日、大隈は国家主義の玄洋社の一員から爆弾による襲撃を受け、外務大臣を辞任しました（大隈重信遭難事件）。そのため同年一〇月二五日、黒田内閣は倒れてしまいます。

これを受けてトップリーダーたちは「総理大臣の権限を強めると、また同じようなことが起こるかもしれない」という懸念を抱いた。井上毅が言うように、首相が強い権限を持つ連帯責任の内閣をつくると政党内閣になる恐れがあるので、憲法には書かない。そして実際、総理大臣の権限を高めたら困ったことになった。これらの二つの要因が重なったため、一八八九（明治二二）年一二月の内閣官制で首相のリーダーシップがなくなるような改正を行った。このような経緯で弱い内閣ができ、戦後、憲法が変わるまでそれが続いたというのが定説です。

伊藤が学んだ内閣とは

そこで問題です。伊藤は、公家出身の頼りない三条を追い出し、強い決定力を持つ内閣をつくろうとしたのではなかったでしょうか。

まず伊藤は憲法調査で何を学んだか考えましょう。先ほども言いましたように伊藤は一八八二(明治一五)年三月、憲法調査のため随員を伴ってヨーロッパに渡航します。彼はとりわけローレンツ・フォン・シュタインから大きな影響を受けたといわれています。逐条解説って面倒です。特殊講義なんかで明治憲法を一条ずつ解釈していると、ほぼ皆さんお休みになりますのでまずいなと思うのですが……。伊藤はその面倒くさいことをベルリン大学で、しかもドイツ語で習ったそうです。伊藤はドイツ語がわかりませんので、駐独公使・青木周蔵が英語に翻訳し、伊藤は英語は分かりますが随員の伊東巳代治《みよじ》に日本語に訳させる。伊藤はそういう授業を受けていたから、つまらなかったようです。ところがウィーン大学に行ってシュタインに英語で習ったらとてもはまってしまい、帰国後「シュタインは偉い人だ」としきりに言うようになった。そのため明治政府の人々はシュタインのところに行き、憲法についての話を聞くようになります。「シュタイン詣《もう》で」といわれます。一時期、政府の顧問としてシュタインを日本に招くという話もありました。

それではなぜ、シュタインの講義がそんなによかったのか。シュタインは英語で講義してくれたので、勉強するのが楽になった。それに加えて、シュタインは歴史・比較の視座を持っていた。「フランス憲法はこう、イギリス憲法はこう」というように比較憲法学の視座から、憲法は歴史的経緯で成立するものであって、ひとつの理想ではないということを改めて教えてくれた。もし伊藤・大隈・井上馨が黒田を説得できていたら、一八八一（明治一四）年一月にイギリス型憲法ができていたと言われています。伊藤は国会をつくったらイギリス型の国会の多数党が政権を握るというイメージを持っていたと思うのですが、明治十四年の政変により、伊藤にとっては何だかよくわからないプロイセン型憲法になったわけです。伊藤は当初、イギリス型を理想としていたけれども、シュタインからイギリスとドイツでは歴史が異なり、そのため違った憲法ができたと

ドイツ時代の伊藤博文（明治15年）

いうことを改めて教えてもらえた。伊藤にとっては、それが非常によかったのではないでしょうか。

またシュタインは行政学・財政学の知識を持っており、行政・財政をどうすればいいかということも教えた。さらに伊藤も陽気な人だったそうですが、シュタインも非常に快活な人だったので非常に気が合ったと言われています。これが稲田正次さんの『明治憲法成立史』から続く理解でした。

これに対して近年の研究では、伊藤はもうちょっと違う点をシュタインから習ったのではないかということがわかってきた。まず伊藤はシュタインの教えを受けることにより、国家法人説というのを理解したのではないかと言われています。『大辞林』（三省堂）によりますと、国家法人説とは「国家を法的な主体としての法人と考える理論。この説において君主は主権者でなく、国家法人の代表機関となる。天皇機関説の基礎をなす理論」です。国家に法人格を与える。すると、そこにあるいろんな機関はひとつの人格の中のパーツとなる。よって国王は主権者だが、法人を代表する存在でもある。国家法人説が日本に出てきたのは一八〇〇年代の終わりですが、ドイツでは一八〇〇年代の中頃から流行《はや》っていたので、伊藤はこれをちゃんと勉強してきたのでしょう。国家法人説を突き詰めていきますと「天皇は国家機関のひとつである」という天皇機関説になります。つまり伊藤は、当時最先端のドイツ国法学を学んでいたわけです。

加えてシュタインの学説を学びます。シュタインの独自性とはどんなものでしょう。三権とは司法・立法・行政ですが、シュタインは国王・政府・議会という三権を考えた。こんな三権分立があるのかと思うのですが、この三つの機関が安定的な関係を構築していれば国家は発展する。彼はそういう言い方をしています。今でこそ「国家なんて発展しなくてもいい」という考え方もありますが、当時は一九世紀ですからそういう考え方が普通だった。伊藤はこの考え方を学び、「国王とは別に政府(行政機関)、議会(立法機関)があり、それぞれが関係を調整することが新しい国家運営である」というふうに憲法を理解してきた。最近では、瀧井一博さん(『文明史のなかの明治憲法』講談社選書メチエ、二〇〇三)や坂本一登さん(「伊藤博文と「行政国家」の発見」、沼田哲編『明治天皇と政治家群像』吉川弘文館、二〇〇二)がこの説を唱えています。つまり伊藤はシュタインのもとで学んだことにより、行政固有の役割を発見したのではないか。これは「行政の発見」という言い方もします。

そもそも内閣とは何か。国王と議会が対立する時、国王の執行機関として内閣ができた。これはイギリス型です。行政の権限を持っているのは国王で、内閣は国王の言うことを聞く存在なので議会と対立する。伊藤はイギリスモデルでそういう理解をしていたわけですが、シュタインからは「内閣は国王とぴったり一緒じゃなくてもいい。行政機関たる内閣にはそれとは別の価値があっていい」ということを教わったようです。二〇世紀の福祉国家では行政がどんどん大きくなり、これは「大きな政府」とも言われる。シュタインは行政学の知識に基づき、後の二〇世紀型の福祉国家にもつながる行政の役割を重視し、これについて発言した初期の人だったとのことです。国王の意思とは別に、専門知を持つ行政があっていい。また専門知は不足しているかもしれないが公議を調達してくれる議会があっていい。国民の意見を集める議会、権威の源たる国王、これらとは離れた専門知を持つ行政が確立し、これら三つが調和すると国家の発展につながる。伊藤はおそらくシュタインからそういう考え方を学んできたのだろうと思います。これが、ここ一〇年ほどの研究における成果です。煮詰まった話から最新の研究らしくなってきました。

つくろうとしたのは弱い内閣じゃない

明治一〇年代、明治天皇は政治的意思を持ち始めていて、どちらかというと道徳重視に傾く。つまりのちに教育勅語がいいとか、そういう方向に行くわけです。そして天皇も若い頃は何でもやったのですけれど、だんだん出不精になって外国人に会うのがおっくうになり、「そんなに改革しなくてもいいんじゃないか」と言い始める。つまりヨーロッパに追いつくために近代化しようとする政府に対して、それを制御する存在として現れます。天皇と内閣は一緒になるべきで、「教育改革をやろう」「西欧化を防ごう」という姿勢と一致するようになどと言われると、伊藤たちとしてはちょっと困るわけです。

そして憲法後の議会は、おそらく政府と対立する議会です。国民の意志を湧きたてることが議会の理念ですが、具体的にはどう見ても、嫌な板垣退助と癪《しゃく》に障る大隈が選挙で勝ちそうなんですね。そこで明治憲法では議会権限をできるだけ少なくしたわけです。

こういうことが目に見えている時、伊藤は国王・行政vs議会ではない見方を獲得しました。そして専門知を持った行政を確立しようとしました。首相は内閣会議の中心、内閣は行政の中心で、なおかつこれは国家運営の中心である。そこで一八八五（明治一八）年の内閣職権では「総理大臣は行政各部の各大臣を統括・監督してひとつの方向に進める」と定めたわけです。伊藤はおそらくリーダーシップのある首相をつくり、なおかつ内閣が国務の中心になるということを理想としていたのではないかと考えます。

これを裏付けるのが次のようなことです。先ほど言いましたように一八八六（明治一九）

年に各省官制通則というのをつくり、「官僚制度・内閣制度を導入する時に必ずこのかたちでやってください」という統一案を示した。そして一八八七（明治二〇）年、官吏試験任用制度（文官試験試補及見習規則）という今で言う国家公務員試験を導入し、試験で受かった官僚を登用することを目指します。本格的に文官任用高等試験として運用されるまでにはあと七年ほどかかりますが、ここで「試験に受からないと官僚になれない」という方針にしたわけです。長州閥・薩摩閥などといった地縁で登用するのではなく、次の時代に向けて専門知を持った人を育成し、そうした人たちでつくられた行政が国家機構の中心となる。

そもそも太政大臣であった三条に統率力がなかったため、伊藤は強いリーダーシップを持つ内閣（首相）をつくろうとした。しかし先ほど言いましたように、憲法制定の時はほかの政治家や井上毅との兼ね合いで内閣について、さらには首相の権限について書くことができなかった。各省大臣はやはり、総理大臣が言うことに従うのを嫌がります。伊藤の盟友である井上馨ですら一時期強い首相に抵抗しますので、憲法には内閣について書けなかった。

一八八九（明治二二）年の内閣官制は、黒田が大隈をかばって、あまりにも強引なことをしたことにより定められた。伊藤も、黒田・大隈の改正方針には反対し、対立します。ですから一八八九年一〇月に黒田が総理大臣をやめる時、伊藤も枢密院議長を辞任します。伊藤の政治力・存在感がとても低下している状況で、内閣官制が導入されました。伊藤の意図からすれば憲法に内閣について書かなかったことも、内閣官制が導入されて首相の権限が弱められたことも不本意だったと思います。

強い内閣を目指して

そこで、伊藤はそれ以後も引き続き、内閣を国務の中心にしようとしていました。第二次伊藤内閣の時、伊藤は組閣に際して明治天皇に「これから政治は基本的に総理大臣（自分）に任せてくれ」（「臣不肖《ふしょう》と雖《いえど》も、重任を拝するあらば、万事御委任あらせられたし」『明治天皇記』第八、吉川弘文館、一九七一、一一七頁）と言いました。彼はそうすることにより、非制度的なところでリーダーシップを確立しようとしたと思われます。実際、明治天皇はその頃から徐々に個別的な政治決定からは遠ざかっていきます。

内閣職権が出た一年後、一八八六（明治一九）年に法令交付様式を定めた公文式というのが出されました。これの第三条を読みますと「法律勅令ハ親署ノ後御璽《ぎょじ》ヲ鈐《けん》シ内閣総理大臣之《これ》ニ副署シ年月日ヲ記入ス其各省主任ノ事務ニ属スルモノハ内閣総理大臣及主任大臣之ニ副署ス」とあります。法律勅令は天皇自らの署名と御璽の捺印《なついん》の後、内閣総理大臣が副署して年月日を記入する。各省主任の事務に属するものは内閣総理大臣および主任大臣が副署する。つまりここでは、法律についてはすべて総理大臣が署名することになっています。

しかし一八八九（明治二二）年に内閣官制が出された時、この第三条が改正され「法律及一般ノ行政ニ係ル勅令ハ親署ノ後御璽ヲ鈐シ内閣総理大臣年月日ヲ記入シ主任大臣ト倶《とも》ニ之ニ副署ス其各省専任ノ事務ニ属スルモノハ主任大臣年月日ヲ記入シ之ニ副署ス」とされた。法律と一般の行政にかかわる勅令は天皇自らの署名と御璽の捺印の後、内閣総理大臣が年月日を記入し、主任大臣とともにこれに副署する。各省専任の事務に属するものは主任大臣が年月日を記入し、これに副署する。この改正により、各省の専門行政に関する法制あるいは勅令に総理大臣が署名できなくなります。つまりここで、各省大臣の権限が強まったわけです。内閣官制が出されると同時に、こういった条文の改正が行われました。

そして一九〇七（明治四〇）年二月、伊藤主導で公式令という法令が出されて、第六条を「法律ハ上諭ヲ附シテ之ヲ公布ス。前項ノ上諭ニハ帝国議会ノ協賛ヲ経タル旨ヲ記載シ親署ノ後御璽ヲ鈐シ内閣総理大臣年月日ヲ記入シ之ニ副署シ又ハ他ノ国務各大臣若《もしく》ハ主任ノ国務大臣ト倶ニ之ニ副署ス」とした。伊藤はここで、総理大臣がすべて法律・勅令に副署するということを復活させている。なぜなら、そうしなければ国務の統一ができないからです。今までは天皇の位置、帝国議会の位置についてちゃんと書かれていなかったので、ここで明文化すると説明して、こっそりというと何ですが、総理大臣副署主義を復活させるんですね。

ちなみにこの二年後、一九〇九（明治四二）年一〇月二六日に伊藤は亡くなります。伊藤は内閣を国務の中心にするべく、ずっとチャレンジし続けており、おそらく彼はそれを期待していたのではないかと思います。内閣制度を導入し、首相がリーダーシップを発揮する内閣が国務の中心になる。おそらくこれが伊藤の意図だったのではないかと思います。憲法的に見ると内閣は弱いかもしれないけれども、伊藤は弱い内閣・弱い首相を導入するつもりはなかった。これが最近の研究で言われていることです。

内閣の一体性

第一次伊藤内閣から閣僚の顔ぶれを見ていくと、留任している人が多い。特に第一次伊藤内閣から黒田内閣になった時、閣僚はほとんど代わっていない。渡辺国武の例を挙げましたが、大臣は「俺は天皇から任命された閣僚だ」という認識を持っていた。初期の内閣では大臣がやめないのが普通で、閣僚の辞表を取りまとめて総辞職するということができていなかった。しかしそれでは首相のリーダーシップが一向に高まらないため、伊藤は天皇に「政治に関しては総理大臣に任せてくれ」と言っているわけです。

では内閣総辞職はいつから始まったか。だいたい桂《かつら》太郎内閣あたりから、閣僚がすべて代わるようになります。また憲法第五五条や内閣官制に記述がないとは言え、伊藤が先ほど言ったようなチャレンジをした明治四〇年ぐらいになると、総理大臣は閣僚に対してかなり強く言えるようになった。このように非制度的なところで、内閣の一体性は高まっていった。

つまり桂園時代（一九〇一〔明治三四〕年〜一九一三〔大正二〕年）あたりから、政治的に首相はリーダーシップを取れるようになった。伊藤にとっては残念なことですが、彼が首相にならなくなった頃から首相は閣内におけるリーダーシップを非制度的に確立するようになり、内閣総辞職の慣行が成立した。最近、村瀬信一さんがこうした点をしっかりと指摘されています（『明治立憲制と内閣』吉川弘文館、二〇一一）。

それならば第二次近衛内閣で近衛が内閣総辞職したのは、実は単なる近衛の弱さゆえだったのではないか。実際、総理大臣が事実上大臣の首を切ったりしている例はあるので、やはり近衛の弱さなのかなと思います。あれを内閣制度や伊藤のせいにするのでは、伊藤があまりにもかわいそうです。かわいそうという結論は講義らしくありませんが、私はそう思っております。

おわりに

なぜ内閣制が導入されたのか。大きく言うと、これは憲法導入の準備作業ということで問題ないと思います。そしてこれが一八八五（明治一八）年に導入されたのは、太政官制では手続きが煩瑣かつ権限が不明瞭で、さらには太政大臣だった三条に統率力が不足していたからです。またこの時、財政と外交における強いリーダーシップが求められ、そのための機構を確立し、三条を排斥するために伊藤と井上馨が決断し、一八八五年に内閣制度を導入した。内閣は専門知を持ち、天皇の権威から一定程度独立し、国会の公論形成機能からも自由である。これは官僚にとっては非常に都合がいいのですが、ヨーロッパで最先端の憲法理論を学んできた伊藤は内閣制度の導入により、そういう行政機構を確立しようとした。残念ながら伊藤の理想はすべて実現したわけではありません。伊藤のその後の辛抱強いチャレンジのことを考えると、伊藤の理想は以上のようなものだったと、私には思えるのです。

ところで、明治憲法が国家法人説を学んだ伊藤がつくったこともあり、大正期から一九三五（昭和一〇）年ぐらいまでは美濃部達吉の天皇機関説が主流でしたが、一九三五年に国体明徴《めいちょう》運動（天皇は統治機構の一機関ではなく、統治権の主体であると主張する運動）によりこれが葬り去られます。こんなことを言えば昭和史の研究者に怒られるかもしれませんが、私たちは昭和一〇年代のイメージがすべて前倒しになった状態で、近代史を見ているのではないか。そして内閣制度についても「内閣が弱いのは最初の制度設計に問題がある」ということで、前に遡《さかのぼ》って見ているのではないかと思います。

そして明治憲法の割拠性というのは今も定説で、皆さんもどこかで聞かれたことがあるかもしれません。一九四四（昭和一九）年、東京帝国大学法学部・行政学講座の助教授であった辻清明氏は「統治構造における割拠性の基因」という論文を書きました。辻の師は蠟山《ろうやま》政道で、彼は近衛のブレーンで昭和研究会（近衛の私的な政策研究団体）に参画しました。近衛はバラバラの国家機構を改革し、強い内閣が国務を主導する国家体制をつくろうとした。現に近衛は一九三七（昭和一二）年七月七日の盧溝橋《ろこうきょう》事件を受けて内閣参議（内閣の諮問機関）をつくるなど、いろいろな改革を行う。ですから辻清明もその流れを受けて「今の内閣は弱いのでこれを強めるべきだ」と考え、この論文を書いたのではないかと推測しています。

最後に内閣と天皇の問題についてですが、私は『明治史講義【人物篇】』で明治天皇について書いておりますので、明治天皇と伊藤の関係を知りたいと思う方は本を買っていただければと思います。以上宣伝で終わりにします。ではご質問があればよろしくお願いします。

――先生のお話では、伊藤は弱い内閣をつくろうとしたのではなく、強い内閣をつくろうとしてチャレンジを続けたということでした。要するに明治憲法自体に伊藤の意思があまり反映されていないということなんでしょうか。

内閣の問題だけでそのように判断はできないと思います。内閣についてもう少し述べましょう。伊藤とともに明治憲法をつくった井上毅は連帯責任の内閣、首相が強く主導する内閣について書くのは嫌なんですね。結局伊藤は議論して納得して内閣の規程を入れないのですが、憲法草案審議会の枢密院会議で「真の連帯責任は政党内閣だけ」と言いながらも、「政略上は連帯責任となる」という趣旨のことを言っています。憲法の運用の点では譲らなかったともいえます。明治憲法第五五条で「国務各大臣ハ天皇ヲ輔弼シ其ノ責ニ任ス」とありますが、大臣が国務を行うという合意できた規程で、首相が主導する内閣が国務を統合することを目指していたと考えます。伊藤も納得して打開策を考えているわけで、伊藤の意思が反映されていないということはないと考えます。

――内閣制が導入された後も伊藤は何度も総理大臣（首相）の権力・影響力が強くなるようにトライしていた。伊藤は首相にならなくなってからも、元老として政治的な権力を及ぼしています。ほかの維新の元勲もそうですが、当時は国家体制の中で元老が力を持ち、

首相を推薦するという状況だったと思うのです。首相のリーダーシップを強めようと何度もトライしていた伊藤は、そのような状況をどう思っていたのでしょうか。あるいは彼は元老として、どういう力を及ぼしていたのか。

それについてはあまり考えておりませんでした（笑）。まず、元老というのは制度的なものではない。元老は非制度的存在で、歴史的に実力を持ったトップリーダーであり、各省の利益をよく知る存在でもありますので、非公式に集まり話を収めることができます。国務の統合機能があったわけです。しかし伊藤は、元老はいずれ死ぬけれども再生産せず、内閣が国務を統合するという方向に進んでいったほうがいいと、おそらくそう考えていたのではないかと類推します。その根拠はないのですが、伊藤の後を継いだ立憲政友会総裁・西園寺公望は意識的に元老を再生産せず、自分を最後の元老にしました。割拠体制は政党が統御すべきである。西園寺はそういう方向で進んでいきます。伊藤も政党内閣が国務の中心になるだろうと考え、立憲政友会をつくったと考えています。彼は、元老よりも内閣が国務の中心になっていったほうがいいと考えていたのではないか、と思います。

第五講

華族とはいかなる人たちなのか？

小林和幸

華族というと、皆さんは、どのようなイメージを持つでしょうか。漠然とした「高貴」な印象をもっていても、今は既にない階層ということもあって、その具体像は、あまり浮かんでこないかも知れません。

しかし、戦前の日本においては、この人々は、社会的にも政治的にも重要な役割を担った存在でした。今回は、「華族とはいかなる人たちなのか」ということについて、お話いたします。

華族の役割

華族の社会的な役割については、まず、公益的な団体の会長や理事などの役職をつとめるといったことがありました。また、対外関係の諸団体、教育・文化団体の役職を務めるというケースも多く見られます。それらは、華族が持つ名望・公的な性格が、団体を纏《まと》めるために重要と考えられていたからだと思われます。このような社会的な場面のみならず、華族には、秩禄処分により家禄や賞典禄を基礎にした金禄公債が与えられたので、家禄が多い旧大名出身者の中には、莫大《ばくだい》な資産家となる人がでました。彼らは、鉄道や鉱山、開拓などの事業への投資活動を通じて諸種の実業経営に関わります。こうした役割は、近代日本にとって、重要で、興味深いものがあります。ただ、これは、華族の個人の資質に関わる部分があり、また困窮する華族もあって、必ずしも華族一般に当てはまるわけではありません。

一方、華族には権利として、あるいは義務的な面もあるのですが、政治的に重要な役割がありました。今回は、そうした政治的な役割を中心にお話しします。対象とする時期は、華族の成立から、華族令による華族制度の整備、さらに明治憲法によって華族を構成者とする貴族院が成立する頃まででです。こうした流れは、必ずしも当初から予定されていたというわけではなく、明治初年からの政治情勢などによる何回かの分岐点を経て、なおかつ試行錯誤的な面をともないつつ、形成されていきます。今回はなるべく理解しやすいという点を重視して、大きな流れを中心にお話ししていきたいと思います。

華族の誕生

そもそも華族とはどのようにしてつくられたのか、というと、皆さんご存じの通り、江戸から明治という新たな国家体制になり、天皇親政の名のもとに、統治機構の改革が行われます。その過程で、一八六九（明治二）年六月一七日、版籍奉還といって、人民も領地も天皇のものとされ旧来の諸侯（大名）の地位が失われます。そのちょうど同じ日に、その代償であるかのように、旧来の堂上公家《とうしょうくげ》とともに諸侯は、あらたに「華族」との称号を与えられました。これにより堂上公家（一四二家）、諸侯（二八五家）は華族となったわけです。版籍奉還により領地・領民は諸侯のものではなくなりましたが、とりあえず「知藩事《ちはんじ》」として、支配を認められています。

このようにまず旧来の統治機構の解体が行われ、それにあわせて、旧来の身分秩序も大きく変わります。実際、版籍奉還から余り時を経ず、一八七一（明治四）年七月一四日の廃藩置県で旧藩主である知藩事は失職し、ここに旧領地の実質的な支配権も奪われることになります。

華族の誕生はしばしば新しい身分の創設と言われますが、この時点で華族ならではの特別な役割が明白に示されたわけではない。また、この時は華族の合一が目指されていて、華族の中に公武（公家と武家）の別はなくなり、また上下の等級もなく、一つのまとまりとされました。旧公卿《くぎょう》は、江戸時代まで持っていた宮中の定められた役職を家格により独占する権利を失っており、旧諸侯もまた、土地や人民を支配する権利を失いました。

公家・諸侯にとっての「五箇条の誓文」

では彼らはなぜ、それを受け入れたのか。これについて考えるうえで私が重要だと思って

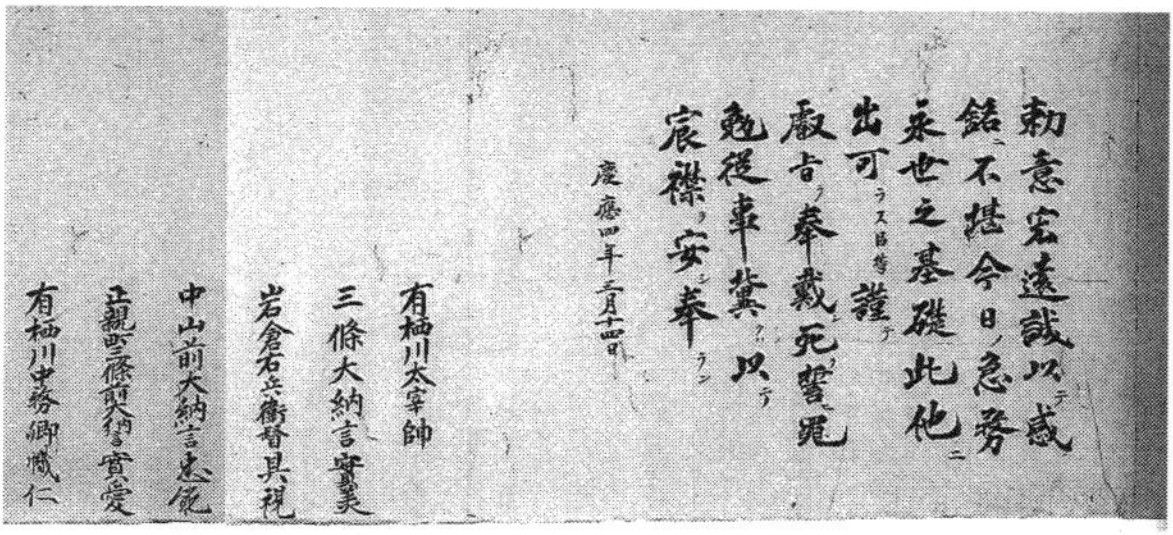
勅意宏遠誠以感
銘不堪今日急務
永世之基礎此他
出可臣等謹
叡旨奉戴死誓
黽勉従事冀以
宸襟安奉
慶應四年三月十四日
有栖川太宰帥
三條大納言實美
岩倉右兵衛督具視
中山前大納言忠能
正親町三條前大納言實愛
有栖川中務卿幟仁

五箇条御誓文誓詞（宮内庁蔵）

いるのは、一八六八（慶応四）年三月に出された五箇条の誓文と宸翰《しんかん》（告諭書）です。

天皇のもとで三条実美《さんじょうさねとみ》が誓文を読み、さらに「天皇とともに天地神明に誓約する」ということで、列席者、一人ひとりが署名していくことになります。五箇条の誓文は「広ク会議ヲ興シ万機公論ニ決スベシ」から始まり、公議輿論や開国和親を目指すという内容の誓約でありますが、これと同時に宸翰が出されました。そこでは、「列祖の御偉業を継述《けいじゅつ》し一身の艱難辛苦《かんなんしんく》を問ず親《みずか》ら四方を経営し、汝億兆《なんじおくちょう》を安撫《あんぶ》し、遂には万里の波濤《はとう》を拓開し国威を四方に宣布し、天下を富岳の安きに置《お》かんことを欲す」と述べています（『明治天皇紀』一）。歴代の天皇にならい、すべての国民を愛し尊重して、国威を海外に発揚し、世界を平和に導くため、自ら国家経営の中心となるという「天皇親政」の宣言でした。公卿や諸侯は、五箇条の誓文のみでなく、宸翰を踏まえて署名しました。

以降、一八六九（明治二）年に戊辰《ぼしん》戦争が終わってもなお署名を連ねていきます。内閣文庫に所蔵されている「宮内省記」によると署名の最後の日付は一八七一（明治四）年五月四日で、忍《おし》藩知事の松平忠敬《ただのり》です（三宅紹宣「五箇条の誓文・宸翰と五榜の掲示」『明治維新史研究』九号）。廃藩置県の直前です。署名者は、宮、公卿、諸侯のほか、旧幕府旗本なども行っていますが、大久保利通《としみち》や木戸孝允《たかよし》は署名していません。これはいったい何を意味するのか。誓文には、この時点での支配層が署名したと言えそうです。

公家や諸侯は華族となり、さしたる抵抗もなく旧来の権利を差し出しました。その背景に「五箇条の誓文」への誓約・署名がある。新しい政治体制を受け入れるとの意思表示がこの誓約・署名の意味であったと考えると、その理由がよくわかるのではないでしょうか。彼らの気持ちの裏には国是の共有、彼ら自身が維新政治の政治基盤であるという自己認識があり、それこそが解体を受け入れていく要因になっていたのではないかと私は考えています。これを積極的に受け入れることにより、新国家で活躍する道も開かれるとの期待もあったでしょう。

華族への勅諭

華族にはその後、天皇からの聖旨伝達ということがありました。廃藩置県の直後、一八七一（明治四）年一〇月一〇日に出された聖旨には「聞見《ぶんけん》ヲ広メ知識ヲ研《ひら》キ国家ノ御用ニ可相立《あいたつべき》様《よう》各《おのおの》奮発《ふんぱつ》勉励《べんれい》可致事《いたすべきこと》」とあります。また、同月二二日の全華族が賜った勅諭《ちょくゆ》には「今我国旧制ヲ更革シ列国ト并馳《へいち》セント欲ス、国民一致勤勉ノ力ヲ尽スニ非《あらざ》レハ何ヲ以《もっ》テ之《これ》ヲ致スコトヲ得ンヤ、特ニ華族ハ国民中貴重ノ地位ニ居リ衆庶ノ属目《しょくもく》スル所」（『明治天皇紀』二）とあります。旧公家と旧諸侯に一律に示され、華族を一つの地位として、天皇がその活躍を期待するものでした。ただし、実はここで言われていることには具体的な中身はなく、華族が持つべき精神的目標を示したものでした。要は「しっかり自分の立場を認識して勉強しなさい」「海外へ留学して知識を広げなさい」と言っています。

つまり、ここで華族が「国民中貴重ノ地位」と定められたけれども、具体的に何をやれという政治的な役割を示されたわけではない。また、国民の中に位置づけられている点は注目しておきたいと思います。封建的統治者などではなく、すなわち国民から離れた存在ではなく、国民の中の最上層だとしています。明治四年のこの段階では、もしかすると政治的な特権を与えるということは、あまり考えられず、むしろ漠然とした社会的な指導者としての役割への期待であったのかもしれません。明治初年、板垣退助が「華士族」について、「唯名のみを存して特権は悉《ことごと》く剝奪する意なるか」と岩倉具視《ともみ》と木戸孝允に問いただしたところ、二人は「然《しか》り」と答えたと回顧しています（『自由党史』下、岩波文庫、一九五八）。

ただし、華族の中には、この勅諭を承《う》け、実際に海外留学に出て、研鑽《けんさん》を積む事例もたくさんありました。たとえば、三条実美の実弟河鰭実文《かわばたさねふみ》や高鍋藩主家の秋月種樹《あきづきたねたつ》が一八七二（明治五）年英国に留学して立憲政治を学び、また、著名なところでは西園寺公望《さいおんじきんもち》が、一八七〇～八〇年、仏国に留学、近衛篤麿《あつまろ》が一八八四～九〇年、オーストリア・ドイツに留学しています。留学した華族の中に、のちに国民の指導的な立場に立つ力量を身につける人も現れます。

さて、このように明治初年、華族は、政治的な役割から遠ざけられていきました。しかし、急進的な統治機構の改革は、常にいろいろなところで揺り戻しがあります。華族の役割についても揺り戻しがでてきます。では、誰からどのような揺り戻しが起きたのか。それは、面白いことに復古的な人からというよりも、むしろ西洋の君主国を見聞し、西洋立憲君主国の事例を知っている者たちから起こります。

華族と西洋貴族

廃藩置県の後、一八七一（明治四）年一一月からいわゆる岩倉使節団が欧米に派遣されます。当時ドイツに留学していた青木周蔵が木戸孝允に、西洋の憲法、宗教論、地方自治さらに貴族などについて話をしている。『青木周蔵自伝』（坂根義久校注、平凡社東洋文庫、一九七〇）にはそれについて詳しく書かれています。

青木は木戸に、西洋の貴族について次のようなことを言っています。

抑々《そもそも》、社会に於《お》ける貴族の位置は、所謂《いわゆる》皇室の藩屏《はんぺい》（守護）、若《も》しくは人民の指導者たるが故に、事の有形的又は無形的たるとを論ぜず、常に天下国家の為《た》め率先尽瘁《じんすい》すべき義務を有する者なり。然《しか》れども、資財豊富ならざれば、志国家に存すと雖も充分の貢献を為《な》すこと能《あた》はざるべく、……然るに、今や日本に於《おい》ては……華士族は最早、寸土だも領有せざるに至れり、此《こ》の如《ごと》く急に旧制を破壊し、各階級の利権を均一にするは、国家の為め果して利益なるや否や

西洋の貴族はいわば皇室の藩屏、国民の指導者として、政治的な役割を果たしている。莫大な財産と広い領地を持ち、財産を持つが故にそういう仕事ができるとした上で、青木周蔵

は、日本の華族に、旧来の領地を国家に返還させたことを批判しています。またさらに、青木は、華族を、元の領地などに土着させて「地方公共の事務」に尽くさせることが国家にとって利益があるとまで言っています。これまでの身分秩序の再編、統治機構の改革を、旧諸侯の解体を通じて行った木戸を批判する内容でした。しかし、青木周蔵が木戸にこの話をした時、木戸は感じ入って涙を流した。『青木周蔵自伝』にはそう書かれています。

青木は、また木戸に対し、憲法の説明をした時には、イギリスやドイツといった君主国で、貴族が貴族院に列し、社会の秩序維持に役立っていることを述べています。

木戸は、西洋立憲国の貴族の役割を見て、日本の旧公家・旧諸侯の急激な解体に行き過ぎを感じ、日本の華族に西洋的な貴族としての役割を付与する必要を考えたものと思われます。

ここで青木周蔵の話から受けた感銘はその後も、木戸の政治的な動きに大きな影響を与えていると思います。まずは、木戸は、華族を経済的に守ろうと考えて、華士族の家禄の処分が苛酷であると不満を述べています。しかし、これは大久保利通らに押し切られ木戸の意見は通りませんでした。

——青木周蔵についてですが、華族の身分の創出や再構築が合理的な考えであることは明らかですが、これは実質的には封建制の再興ではないかとも思われます。よってこれは維

新の精神、藩閥政府が描いていた精神と相反しなかったのか。またその時、華族という身分を縮小・廃止したほうがいいということにはならなかったのでしょうか。

たしかに青木周蔵は木戸孝允に、西洋君主国の例をもって、「旧大名の解体は行き過ぎだった」と言うわけですが、それを主導したのは木戸です。また青木は「行き過ぎだった」と言っているけれども、その一方で元に戻すのは難しいとも理解していた。明治新政府はすでに旧来の封建的な身分制度を解体してしまった。それがすでに進んでいるという状況は認めざるを得ないし、後戻りはできないだろう。ただし、そういう状況にあっても、近代国家にふさわしい華族というのはあり得る。今のところ華族は何の役割も与えられておらず、ただの華族というかたまりがあるだけなので、伝統的・歴史的な経緯を踏まえたうえで改めて華族という政治的な身分をつくりたいという方向に進みました。

また、華族を縮小する方向はなかったかという質問ですね。新政府が標榜《ひょうぼう》する「四民平等」の観点で言えば、現実に「華族」の名のみを残し、政治的な権力は与えないという方向も模索されたと思われます。明治初年は、正にその方向です。しかし、西洋の共和制をとる国家を肯定的に捉《とら》える民間の言論を見て、明治政府内に民権派などの動向への危惧が生じた時、天皇の統治という基本線を守るために、あらためて華族への期待が生まれ、その華族に議会政治での活躍の場を与えます。それは、近代的な立憲君主制のなかにあって、封建制とは相違するという認識だったと思います。ただし、華族制への批判は、後で説明する通り、政党などから現れます。

木戸孝允と岩倉具視の華族観

さて木戸は、岩倉使節団として欧米視察からの帰国後、有名な意見書を提出します。そこでは、五箇条の誓文に加えて、国民の権利や義務などの必要な条目を、政規（憲法）典則（法律）として定め、あまりに急進的な政府の施策を法により抑えていこうとするものでした。また、木戸は、文明国の議会について「議士なる者有て事毎《ごと》に験査し、有司の意に随《したがっ》て臆断するを抑制す、是《これ》政治の美なる所以《ゆえん》なり」と述べてもいます（「憲法制定の意見書」、『松菊木戸公伝』下）。西洋文明国の議会による政治運営の抑制（監視）を評価しているところに注目して欲しいと思います。木戸は、文明化しない日本の現状では、君主の英断で民意を迎え官僚の専制を抑える「独裁」が必要としますが、将来には、議会による政府の抑制を考えていました。

このように木戸は、西洋立憲君主国を手本とし、華族の新しい役割として、上院議員となり立法に参与することを期待します。また華族の役割について、終始、熱心に論じたのが、自らも旧公卿であり、明治政府の中枢にいた岩倉具視でした。

木戸も岩倉も、明治新国家での華族の役割を深く考慮します。彼らは華族の新しいあり方とその再構築を目指して行動を起こした代表的な人物で、ともに華族が歴史的に日本の秩序維持に果たした役割を評価し、将来の上院での役割に期待していますが、力点の置き方には大きな違いがあります。

岩倉の期待——秩序維持

まず、岩倉は、いくつかの意見書の中で、次のようなことを強調しています（大久保利謙『華族制の創出』吉川弘文館、一九九三。久保正明『明治国家形成と華族』吉川弘文館、二〇一五）。尊卑の序（上の者は上、下の者は下という秩序）は永遠に変わらない。それが天皇を守る。そうした秩序は歴史的な積み重ねによって培われてきた。大名・公家は歴史的な存在であるからこそ、保守的で、国家秩序を保持するためには欠くことができない。また、歴史的な天皇との関係を考えると、華族とは「貴種」であることが重要で、その存在が天皇を崇拝することや政府の尊厳を守ることにおいて重要である。さらに天皇家との婚姻を結ぶ相手として尊重すべきことを主張しています。このように華族と天皇との一体性を重視し、一般の国民とは異なる位置にあることを強調しました。

ここで岩倉が言う「尊卑の秩序」とは、儒教的な名分論《めいぶん》（君臣関係を基本に、身分・社会的地位に伴い必ず守るべき社会的役割を重視する考え）が背景にあると思われます。これをわかりやすく言い換えると、旧来の日本において伝統的・歴史的に支配層となった公家・大名に対し、人民は上位者として敬し、その支配に服することを当然のこととして受け入れていたが、さらにそういう華族たちが天皇に忠誠を誓い、尊敬の念を抱いている。このように社会に階層的な秩序があるからこそ、天皇は安泰である。華族が新たに設定された時には、一つのまとまりとして捉えられたが、伝統を踏まえて華族の中にも同族的あるいは階層的な秩序をつくったほうがよい。そうしたほうがより安定した華族制度となると考えたようです。岩倉は、華族の経済力の維持や子弟教育の重要性を説きます。一般国民より上位にある存在として、華族の安定的な維持を重視し、先頭に立って伝統的な華族を守ろうとしたわけです。

また、岩倉は、華族を自らの指導の下に置こうとし、明治政府との一体性を重視します。岩倉は、国内の情勢が急激に変化することを危ぶみ、天皇統治を否定する共和政治の美点を述べる動きがあることに危機感を持っていましたので、華族がその防壁となることを期待しました。

木戸の期待――上院の構成者

一方で木戸はヨーロッパの貴族のあり方を鑑《かんが》みたうえで、華族の政治的役割に力点を置く。つまり議会の構成者、立法府の一翼を担う存在としての華族に期待を寄せている。もちろんそこでは国際観を持った西洋的・近代的な知識・経験が必要である。そういう認識を持っています。

木戸は、先にも触れましたが、明治六年の帰国後、現状の明治新政府での専制的な開化政策が、国民との関係において極めて危険な状況に陥っているとみて危機感を持っていました。西洋国家では、そうした政府を議会が抑制する役割を持っていることに注目しました。そこで華族が主体となるような議会の必要を主張するようになります。華族を、責任ある立法を担う上院（議会）の構成者として育てたい。これが木戸の主張であるように思います。

岩倉は華族が、政府と独立して党派的な活動をすることにたいして否定的な考えを持っていましたが、木戸は華族にたいして積極的な働きかけをします。もっと教養を積み、上院についてもっと調査しなさい。こうした方向に呼応する華族はたくさんいました。

例えば、上層の華族の集会「麝香間祇候会議《じゃこうのましこう》」（麝香間祇候＝宮廷の麝香間に祇候できる特別の名誉を得た華族中最上位の地位）に、木戸は旧主家の毛利元徳《もとのり》を通じて働きかけています。また、イギリス留学を経て英国上院制度に感銘を受けた河鰭実文と秋月種樹による中堅華族の政治的啓蒙《けいもう》団体「通款社《つうかんしゃ》」があります。通款社は先に挙げた明治四年の勅諭を発足の根拠にしながら、華族が進むべき政治的な役割を示そうとしました。また政府へ国家体制の変更についての働きかけも行う姿勢も見せるなど急進的な性格も持っていました。両者は合同して華族会館開設につながります。

華族会館の開設と華族の再構築

華族会館の開設は、木戸の、上院構成者たる素養を学ぶ場として期待があり、また岩倉も積極的に取り組みます。しかし、岩倉としては、華族が急進的に独立した政治的な動きをとることには反対で、先の通款社は岩倉に抑えられた。岩倉は、華族会館の運営を指導しますが、政治団体のような動きは極力抑えます。ただ木戸は一八七七（明治一〇）年五月、西南戦争中に病死してしまいますので、その考えは伊藤博文に受け継がれていきます。

なお、華族会館開設後の一八七六（明治九）年、宮内省に華族掛《がかり》（後、華族局、爵位局、宗秩寮）ができ、華族はその統制下に置かれます。以後、華族は天皇と密接な関係を持ち、宮中の要職を務めることが出来ましたが、相続や結婚、素行などに厳しい監督を受けることになります。華族は保護も受けますが、一般国民より自由は制限されていました（小田部雄次『華族』中公新書、二〇〇六）。

さらに時代は下り、国会開設が具体化するような状況に至ります。明治一四年の政変以降、国会開設が現実の政治日程として明確に示されると、それに備えたしっかりとした上院をつくらねばならない状況になります。しかしながら、伊藤博文の、明治一四年頃の華族を「馬鹿華族」と評する言葉もあります（佐佐木高行の日記『保古飛呂比《ほごひろい》』明治一四年一一月二六日条）。それまでの華族のみで、立派な上院の構成者たりうるのか、という状況でした。もちろん中には研鑽を積んで来ている者もいるので、すべてがそうだとは言わないけれども、上院を担うまでには至らない。それが伊藤博文の率直な華族評価であり、上院を担えるだけの存在として華族を再構築する必要がありました。

伊藤は有力者を華族に編入するという考えを持っていたようです。しかしそれには異論もありました。岩倉などの秩序維持を重視する考えから言えば、旧来の伝統を重視し、華族以外の新しい者を編入することは避けたいことでした。さらに急進的ではありますが、知識層の士族をより重視し、華族と士族を一端清算し、非華族の有力者にも爵位を与えて新しい華族を構築しようという考えもありました（前掲、久保二〇一五）。

結局、伊藤の主張に基づく、非華族の実力者を華族に編入するという、最も現実的な選択がなされます。

華族令の制定

一八八四（明治一七）年、新しい華族制度として華族令が公布されました。皆さんご存じの通り、今まで一律だった華族に階層が設けられました。公家には家の格があるし、大名にも石高などに応じた格がある。それを位置づけて公・侯・伯・子・男の五爵に分けます。そこに、国家への功績を評価して新しい華族を加えました。爵位を設けることは、明治初年から検討されてきたことでしたが、ここに決着を見ます。

「叙爵内規」によると、それまでの華族に以下のような基準をもとに爵位を与えるとされています。

公爵　親王・諸王より臣位に列せられる者、旧五摂家、徳川宗家。

侯爵　旧清華家、徳川旧三家、旧大藩知事（現米〈実際の収入としての石高〉一五万石以上）。
伯爵　大納言まで宣任《せんにん》の例多き旧堂上、徳川旧三卿、旧中藩知事（現米五万石以上）。
子爵　維新前に家を起こした旧堂上、旧小藩知事（現米五万石以下・維新前の旧諸侯）。
男爵　維新後華族に列せられた者。

さらに偉勲のある者を公爵、勲功のある者にその勲功に応じ侯・伯・子・男の四つの爵位を授ける、とされました。

この時、士族から新たに華族となった者を何人か挙げると、伯爵では伊藤博文・井上馨・山県有朋《やまがたありとも》ら長州出身者、黒田清隆・西郷従道《つぐみち》・松方正義ら薩摩《さつま》出身者、土佐の佐佐木高行や、肥前の大木喬任《たかとう》ら、薩長土肥の人物が名を連ねています。また、大久保利通の継嗣大久保利和《としなか》や木戸孝允の継嗣木戸正二郎などは、侯爵に叙せられました。また、子爵には谷干城《かんじよう》〔たてき〕（土佐）、福岡孝弟《たかちか》（同）、三浦梧楼《ごろう》（長州）、鳥尾小弥太（同）、曾我祐準《そがすけのり》（筑後）らをはじめとする軍人・官僚が叙せられます。

伊藤は、木戸の考えを引き継ぎ、西洋君主国の上院制度を勘案して、皇室擁護・政府監視・下院抑制という目的のため、上院をつくろうとしました。華族令制定は、上院の構成者たる華族がその期待に十分応えられるようにという配慮から取られた方策です。

華族令への批判

しかし民権運動以来の国民の政治意識の高まりや専制的な政府への批判がある中で、政治的役割を担わせることを目的とした華族の再構築には批判が生じざるを得なかった。明治維新の理念から考えても華族というのは果たして必要なのか。そういった批判もありました。

その中でも有力なものとして、明治維新の原動力ともいうべき「一君万民」の考え方があります。これは、本来の理想的な国家は、民の総《すべ》てが直接、君（すなわち天皇）に忠誠を尽くす、君も直接民に向き合って民のための統治を行うといった考え方で、それは君と民との間の存在（江戸時代では将軍や藩主）は不要であるとして、天皇中心の国家建設に向かいます。この考え方で言えば、そもそも国民は天皇に忠誠を尽くすことが前提になっており、天皇と国民の間に存在する華族が「皇室の藩屛」と称して国民との間に一線を引くことは、かえって天皇と国民の関係を阻害することになる、といった批判がありました。板垣退助が爵位を辞そうとした時の上表もこの趣旨で述べたもので、「君民同治」を目指す維新後の政治運営に華族の特権付与は反すると主張するものでした。

華族拡張論

このような考え方にたいして、たとえば以下のような山県有朋の見解があります。貴族制度は、国家への有功者に名誉を与えるもので、国事に奔走しようとする志望を起こし、忠君・保守の思想を抱かせるので、国家の秩序を維持するために必要な制度である。だが、貴族が固定されたものであれば、一般人民との間は離れ、思想・利害の相反をまねき、ついに両者の軋轢《あつれき》を生じさせる恐れがある。それに対し、貴族を固定の身分とせずに、国家に功労ある者を挙げて貴族に列し、新しい貴族をつくることで、天下の志士を奨励し、貴族にも進取の気象を養えば、そうした軋轢は予防できるだろうと、するものでした（山県「貴族制度」、『明治二七年華族令改正資料』所収、宮内公文書館）。つまり、これは国民の上昇意識を常に取り込む道を開くことで、忠誠心を養い、華族と国民の階層対立を防ごうとするものでした。

実際に明治期には新しい華族を増やしていきます。興味深い例では、一八八七（明治二〇）年には板垣退助、後藤象二郎、大隈《おおくま》重信という当時の政党指導者たちに伯爵が授爵されます。これはよく言われている通り、反対派を取り込むことで抑制するという政治的な意味もあったのでしょうが、その一方で功績あるいは功労を積み上げた人には爵位を与え、授爵が公平で幅広く行われるものであることを内外に示すという意味もあったのではないかと思います。

華族が国家に尽くす方法

こうして華族制度は、彼らがやがて上院の構成者となるという期待のもとに再構築されていく。では上院の構成者として準備された華族たちは何を目的とし、どのような行動を取ればよいのか。こういった時、華族の役割として常に規定されているのが「皇室の藩屏」という言葉です。藩屏とは守護者である。華族は皇室を守る者であり、ここを逸脱することは許されない。彼らはこの規定にしたがって活動を繰り広げることになります。

さまざまな人が、皇室の藩屏としての華族が、やるべきことは何かということについて見解を述べています。華族令制定よりもさかのぼりますが、有名なのは福沢諭吉の「華族ヲ武辺ニ導ク之《の》論」（明治一二年）で、これはすなわち華族の軍人化です。国家に尽くす役割として、華族は軍人であるべきとするものでした。しかしこれは十分には成功しませんでした。華族子弟を士官に養成するため、士官学校に陸軍士官学校附属予科（明治一七年開校）が作られますが、短期間で失敗に終わる。当時、華族自身が軍人となることを選ぶことはあまり多くなかったからです。それよりもむしろ政治家に向けての研鑽のほうが積み上げられていきます。

議会開設の前、華族会館や学習院を舞台に華族にはさまざまな研修団体がありました。華族会館内の「金曜会」や学習院から始まった華族談話会、さらに華族青年会、華族同方会といったさまざまな会があり、華族の政治的な啓蒙・研鑽活動が繰り広げられていきます。

「皇室の藩屏」とは何か

そうした研鑽の中で培われていき、ある程度一般化していく考え方があります。まず、皇室の藩屏とは何かという問題です。実はこれは曖昧で捉えどころのない言葉です。藩閥政府としては、皇室と政府は一体なのだから、藩閥政府を擁護することが使命であると、つまり、政党が政府に反抗するなら政党を抑制するのが使命であると、主張したくなるでしょう。岩倉などはそうした立場だと思われます。しかし、それが総てではない。そもそも皇室と政府は一体かという問いがあり、そこから皇室の藩屏としての華族の使命につき別の見解が生まれます。

たとえば、谷干城（子爵）の「華族ノ資格」、曾我祐準（子爵）の「華族の価値」、近衛篤麿（公爵）の「華族ノ義務ニ就テ同族諸君ニ一言ス」という三つの資料があります（『華族同方会報告』に掲載）。

まず谷は「政府は行政官の居所にして、皇室は至尊の御座所なり。しかして皇帝は行政官の上にありて万機を統御するものなれば現政府の云《い》う所にさえしたがえば可なりと云う決して然るべきものに非ず」と述べている。政府は行政官に過ぎず、天皇・皇室はそれよりも上位にあって総てを統御する存在であり、政府と皇室は別である。したがって、政府の不都合に対し意見を言っても不忠にはならない。むしろそれを正すのは皇室の藩屏たる華族の役割であるとします。また曾我も同様に、華族は政府に媚《こ》びる必要はないとし、国民が華族の動向にどのような感想を持つかが重要であるとします。近衛もまた、皇室の藩屏とは独立した意思が重要であるとし、政府や民間の政党からの利益の誘導から離れるべきことを主張しています（小林和幸『明治立憲政治と貴族院』吉川弘文館、二〇〇二）。

すなわち、彼らは、天皇は国民の意見を尊重するものであり、公平公正な政治運営の象徴である。その天皇を守るという我々華族の仕事は、政府の擁護だけであるはずがない。悪い政府を批判するのは当然である。天皇の藩屏であるということはすなわち、国家の藩屏である。国家および国民全体の利益を代弁する。これが皇室の藩屏たる華族の本来の姿である。

彼らはこのように華族の役割を定義し、これを華族たちに広める努力をしていきます。

政党への批判

先ほど申し上げたように板垣などは、政党の側から華族のことを批判していますが、華族の側からは、次のような反論を用意しました。政党は国民の総てを代表してはいない。国民の輿論《よろん》を代表しているはずの政党が、政党同士で熾烈《しれつ》な争いをしているのはなぜか。彼らは一部の利益を代表し、自らの利益を擁護するために行動しているに過ぎないのではないか。党利のために国家や国民全体を犠牲にしはしないか。そうだとすれば、政党から距離を置き、国家・国民全体のことを考慮する独立した公平・公正な存在こそが必要である。政党を認めたとしても国家にはそのような存在が必要であり、それこそが我々華族である。彼らはこのようにして自己規定をしていくわけです。それも華族の向かう一つの方向でした。

貴族院の性格

このような歴史的な経緯を踏まえ、制度設計されるのが貴族院です。伊藤博文は、君主が統治する君主国では、貴族が必須であり、立憲国で貴族を政治的な存在たらしめるためには上院議員とする必要があると述べています。社会的な身分のみでなく上院議員として政治的な特権を有する貴族を、伊藤は「憲法貴族」と呼んでいます。天皇主権の立憲君主国を支える存在として位置づけました（「主権及上院ノ組織」、華族同方会に於ける伊藤博文演説）。

そうした貴族のあり方で、理想とする国家は英国であった。枢密院における貴族院令の審議で伊藤は繰り返し英国貴族を理想と述べます。たとえば「英ノ貴族ニ至テハ、其《その》立憲制ニ於テ貴族タルノ地位ヲ占ムルノ趣、実ニ之ヲ完全無欠ト云ハザルヲ得ズ」（『枢密院会議議事録』一、明治二二年一二月一四日）などと言及しています。英国の如く立憲政治が発展した国家においても王室が安定して存続している背景にその貴族制度の存在を見ていると思われます。貴族院の組織は、大日本帝国憲法や貴族院令で定められます。そこでは、当初の貴族院の構成者として、

①皇族議員　成年皇族男子の全員（慣例として、議場に出席しない）
②華族議員　公・侯爵議員（満二五歳以上の全員・世襲）と伯・子・男爵議員（同爵間の選挙、任期七年）
③勅任議員　勅選議員（官僚経験者・学者・財界人・軍人などから内閣による選任、終身）

多額納税者議員（各府県の多額納税者から互選された議員、任期七年）

こうした貴族院は、政治的に独立性を重視しており、明白な政府支持母体とは言えません。勅選議員は、内閣の推薦により天皇が任命することが基本になっていましたので、時の内閣の意向が反映することが考えられますが、人数は制限されているので、限界がありました。また、多額納税者議員は、各府県の代表としての意味合いが強く、むしろ衆議院議員との関係が深い。伯子男爵は、人数も多かったので、その選挙（完全連記制＝選挙すべき全員を連記して投票、という特殊な選挙制度）を左右できれば、これは大きな意味がありました。

いずれにしても、成立当初の貴族院に憲法起草者が意図したのは、確実な支持母体を作ることよりも、行政と立法の分離という立憲的制度として信頼性を確保することであったと思われます。ただ、もちろん皇室の藩屏たる華族は議会の構成者として、政党の行き過ぎを抑えてくれるだろう。そういう期待はあっただろうと思います。衆議院とほぼ対等（予算先議権は衆議院が持っていた）な権限を持つ貴族院は解散もなく、独立性の高い強力な議事機関でした。

――貴族院の構成員の中には華族がいて、彼らは国民・国家全体を考慮する独立した存在と

して考えられていた。それならば貴族院もそれと同様な役割を果たすべきものとして考えられると思うんですが、勅任議員の中に多額納税者が入っているのはなぜですか。

そうですね、国家全体の代表という面では異質ですね。ただし、多額納税者議員が加えられた理由はいくつかあります。まず第一に、貴族院にも国民代表的な意味合いを入れたいという点です。貴族院を衆議院と全く別の議会とすることを避けたのです。多額納税者議員は各府県から一人ずつ選出される。上位の多額納税者からの選挙ですから、もちろん限定されてはいますが。実際、府県の代表として、同じ選出県の衆議院議員と連携して地域の利益を守ろうと行動する事例も多く見られます。なお、衆議院議員経験者がこの多額納税者議員になったり、反対に多額納税者議員経験者が衆議院議員になったりといった事例もまた多数見られます。かつて、衆議院議員と違い、特権階級の代表のように言われましたが必ずしもそうではないと思います。

第二に、日本の農業や産業を発展させるために、多額納税者たちに貴族院議員という名誉を与える意味がありました。国民一般の認識として、貴族院議員になったということは貴族の一員になったということと同じような意味を持ちます。そういう中で彼らに名誉を与えたわけです。

1890年（明治23）11月29日、第1回帝国議会開院式（宮内庁蔵。米田雄介編『明治天皇百年祭記念　明治天皇とその時代――『明治天皇紀附図』を読む』吉川弘文館、2012より）

なお、貴族院の議事録では、多額納税者の発言というのはあまり多くないのですが、私は香川県の鎌田勝太郎、岐阜県の早川周造、広島県の沢原為綱、長野県の山田荘左衛門といった多額納税者議員の史料を調査していますが、そうした史料を読むと、彼らはいずれも地域の名望家として国家あるいは地域住民の発展や保護に対する強い責任感を持って政治活動を行ったことがよくわかります。

初期議会の貴族院

議会開設を迎えた貴族院は独立性が確保されており、その動向は藩閥政府にとっても衆議院にとっても、どのような形勢となるか未知数でした。普通考えられているように総体として政府に忠実な情勢ではありませんでした。ただ当時、貴族院に政党はもちろん非公認であり、衆議院のような政党・党派がここに入ることは認められていなかったので、政党の意向が通りづらい状況ではありました。

そういう中で貴族院は、先ほど挙げた谷や曾我、近衛を中心とした藩閥政府からも政党からも自立的な政治会派が成立してきます。一方で、国家の発展を考える上で政党の圧力を問題視する藩閥政府に忠実な政治会派も成立します。華族だからといって、ひとまとめで一定の方向に向かうわけではなかった。初期議会の特徴でもありますが、対立する両者が拮抗《きっこう》する状況で、議会運営が行われていきます。

初期議会の貴族院では、衆議院の民党が主張する地租軽減などの減税は、否定されます。一方、谷や近衛らを中心に、政府の積極的な財政運営には批判が加えられましたし、松方正義内閣の選挙干渉には、建議案を可決して批判します。また、初期議会の段階では、貴族院の多数を得られませんでしたが、新聞紙条例の改正や保安条例の廃止を求める活動、第二次伊藤博文内閣の二度にわたる衆議院解散を批判するなど、貴族院なりの「立憲」主義を求める活動が華族を中心に行われたのは、注目しておくべきと思われます（前掲、小林二〇〇二）。

また、先に挙げた近衛篤麿は、貴族院議長になりましたが、近衛は藩閥政府と衆議院が対立する際の調停役になろうと努力していたように思います。

華族の責任

さて、そろそろまとめにしましょう。では華族とはどんな人たちなのか。まず華族は公家・諸侯の解体から始まった。彼らは天皇とともに五箇条の誓文と宸翰にたいして忠誠を誓い、近代国家の基盤を支えるという自己認識のもとに解体を受け入れる。当初は、明白な役割を与えられたわけではなく、皇室の藩屛として政府が華族を再構築する中で、それに対応するためにそれぞれが模索していきます。

華族令が公布され上院議員としての役割が定められた時、華族は、皇室の藩屛の政治的な意味を問い直します。一つの方向として、政党からの独立と共に藩閥政府からも独立していこうとする方向に向かいました。利益に誘導されたり、不当な圧力に屈することがなく国民本位で中立性・公明性を保つ。彼らはそのようなことを期待されていると考え、また責任感も持っていたであろうと思われます。また、別に議会運営の中で、政党による要求は国家発展のために不合理と考え、政党の圧力を抑えることを使命と考える華族も勢力を持ちました。こちらは、結果として藩閥政府側に立つのですが、やはり「公平中正」を標榜します。

明治期には、日清戦争、日露戦争などの功績評価を契機に、華族は大きく増加します。こういう新華族の増加には、反対の世論もありました。特に藩閥官僚の叙爵には抵抗が大きかったように思います。この傾向は、大正・昭和となり、社会の平準化を求める声が強くなるとさらに強まります。その頃には叙爵は厳選せざるを得なくなります。山県は華族の拡大で階層の軋轢を防げると考えたけれど、そういうわけではなかった。

一方で、明治期の政党はしばしば「私党（私的な目的や利害関係で集まった党）」と言われ、自己あるいは特定の限られた範囲の利益の実現が目的であると批判されることもあります。政党にとって、そのような評価を避けることが発展のためには不可欠でした。そうした党を率いたのは、自由党の板垣退助、改進党の大隈重信、さらには国民協会の西郷従道、あるいは政友会は伊藤博文や西園寺公望でした。彼らは、明治国家建設の第一人者であり、華族にも叙せられた。彼らが、政党の代表者に迎えられたのは、維新以来の国家への貢献から中立性・公明性を持つ者として、私党ではない「公党」の党首にふさわしいと見なされたからではないか。そう考えると、明治期には中立性や公明性の象徴として、華族への期待は高いものがあったと思われます。

皇室の藩屏として華族は、政治的に一般の国民に優越する特権を持っていましたが、特権にともなう責任は当然ありました。そのような責任をいかに果たしたかが、国民注視の中、貴族院の活動の中で問われます。

――現代の話なんですが、今は衆議院と参議院が対《つい》になっていますよね。先生から見て、今の参議院に貴族院時代の名残りがあるとしたらそれはどのような部分でしょうか。

貴族院と参議院では選出の制度がまったく違っていて、現在の参議院は衆議院と同様国民の選挙によるものになっていますので、議事堂内の位置づけや天皇が出席する開院式が参議院で行われるといった儀礼などの慣行は別として、政治的な意味での名残りはあまりないですね。そもそも貴族院構成者の母体となった華族はもう居ないですし。ただ名残りとして大きなものがあるとすれば、参議院は大変強いということです。いくつか衆議院優越の規定がありますが、参議院の権限は強いです。今の参議院が強いのは、かつての貴族院が衆議院とほぼ対等の権限を持っていた歴史的な性格を受け継ごうとしたからだと思います。衆議院の行き過ぎを抑え、熟議・再考の場として地位を確保しようとしたと思われます。

しかし、強い第二院がある時、国民代表の議院（第一院）との関係は、難しい。貴族院時代は、強すぎるが故に、衆議院を優先する方向で、その権限行使を自制すべきだという議論が強くなっていきます。一方、両者が国民の選挙による代表からなる日本国憲法下では、貴族院時代と違い論理的にどちらかが優先されるべきと簡単には言いがたい。ところが、与党が衆議院・参議院の両方で多数を占めないと円滑な議会運営ができないという現実があり、参議院も政党化して衆議院と同じような政党勢力下に置こうという圧力が強くなる。戦後の一定期間、参議院には貴族院の流れをくみ、政党と一線を画そうとする「緑風会」という政治会派が活躍しましたが、政党化の圧力の中で力を失います。そうして、参議院が衆議院と同様な政党構造になると、参議院は衆議院のカーボンコピーだということになり、熟議・再考の場としての本来の役割を全《まっと》うできるのか、という議論が生じてしまいますね。この辺が現在の二院制度の課題と思われます。

第六講

日露戦争はどうして起きたのか？

千葉 功

日露開戦外交を研究する意味

私が日露戦争の研究を始めた二〇年以上前、「日露戦争はどのような戦争だったのか」ということを考えることは日露開戦外交の研究とほぼイコールでした。日露戦争はなぜ起きたのか。開戦の過程で誰が主導し、どういう理由で戦争に至ったのか。これらについて考えることが、日露戦争の性格を考えることにつながると考えられていました。ですから戦争が始まってからのことよりも、戦争に至る過程についてのほうが重点的に研究されていました。

その際、日露戦争の開戦原因に関する通説的な説明は次のようなものでした。世界的な英露対立下、東アジアにおけるイギリスの利害を代弁する日本は韓国の絶対的確保の他に満州の中立化を図り、かたやロシアは満州の絶対的確保の他に韓国の中立化を図っていたため、妥協の余地はなく、日露の衝突は必然であったと。しかしこれは、歴史的に見てかなり無理のある図式です。

研究の過程で史料を読んだり解釈したりするわけですが、そこでは唯一絶対に正しい研究があるわけではない。それはあくまで解釈ですので研究された時期によって違ってきますし、必ずしも理系の研究のように新しければ新しいほどよいというわけでもない。前の研究を乗り越える、もしくはそれとは違う解釈を新たな研究者が提唱し、それが積み重なっていく。

日露戦争に関して言えば戦前から研究が始まっておりまして、そこでかなり独特な問題設定がされたという経緯があります。

日露戦争研究のはじまり

それでは日露戦争の研究において、過去にどのような経緯があったのか。一九二〇年代、左派の知識人たちが革命（日本を社会主義国にすること）を目指すにあたって、現状分析が必要となってくる。そこで彼らは、少し前に起きた日露戦争の性格を規定しようとした。その当時の知識人にとって、日露戦争が帝国主義諸国の戦争であったかどうかということが最大の関心事であった。つまりそれは、歴史というよりも、当時の左派の革命戦略を左右する内容だったわけです。

そのような流れを受けて、アジア太平洋戦争末期、信夫《しのぶ》清三郎《せいざぶろう》という歴史学者・政治学者がひとつの問題提起をします。信夫本人は、彼が研究を始めた時代状況から、マルクス主義的な外交史研究者という、今ではとても珍しいジャンルに属していた。信夫の問題提起を受けて、アジア太平洋戦争後に論争が起きます。

まず、次のような立場があります。日露戦争の原因は満州問題であるから、これは帝国主義戦争として規定できる。それはなぜか。当時、ブルジョワジーは列強と満州における綿織物市場を争っていた。実はロシアの背後にはアメリカやイギリスがおり、ロシアと戦った次にはアメリカやイギリスを満州から駆逐し、満州市場を独占するため、ブルジョワジーたちが日露戦争を主導した。よって日露戦争は帝国主義戦争であると。信夫本人はもちろんのこと、井上清や鈴木正四、藤井松一などといった左派の講座派系の人たちもこの立場を支持しました。

しかし史料を見てみると、そうは言えないわけです。紡績関係者や綿織物業者の動きが戦争の原因になったという事実は、どう探しても史料からは出てこない。それならば他にどのようなことが言えるか。日露戦争は、満州ではなく、隣国である韓国（大韓帝国）をめぐって生じた。よって日露戦争は帝国主義戦争ではない。そういう説明の仕方をする人もいます。

ただし、同じく韓国問題が日露戦争の原因であると考えるにしても、まったく別々の方向から説明がされます。一つには、日露戦争の目的は韓国ですが、韓国が他国の手に落ちると日本が危ない。よってこれは祖国を防衛するための国民戦争であったという説明です。研究者で言いますと下村冨士男がそのような立場を取っていましたが、私たちにとってより身近なところで言うと、司馬遼太郎《りょうたろう》の歴史小説『坂の上の雲』の見方がまさにそうですね。

一方で、左派でも講座派的ではない人たちは次のように説明する。日露戦争はブルジョワ革命期以前のルイ一四世のような絶対王政が起こした戦争であり、よってこれは絶対主義戦争であると。

結局、今までみてきたように日露戦争が帝国主義戦争であるとは史料的には言えないのですが、当時のように左派的・進歩的な史観が非常に強い時代、日露戦争は帝国主義戦争ではないという主張は学問的良心からして許されない。このようにして、日露戦争の原因についての研究はかなりのジレンマに陥ることになります。

中山・角田の図式

このジレンマを「解決」したのが、中山治一ないし角田《つの》順《た》です。中山・角田は次のように説明します。すなわち、日本ではそれまで満州問題と韓国問題は別々に処理されていたが、一九〇一（明治三四）年一月から三月にかけてこれらが接合され、満韓問題と言われるようになった。もちろん満韓問題に接合しても、従来通りの考え方をする人はいた。特に伊藤博文や井上馨《かおる》のような人たちは満州と韓国はそれぞれ別のものとして捉えており、依然として満韓交換論を唱えていた。つまり、満州と韓国を交換する、満州はロシアにやるから韓国は

満韓交換論………→日露協商論……→避戦論　（元老クラス）
⇕
満韓不可分論……→日英同盟論……→開戦論　（少壮後進）

図１　中山治一・角田順の図式

日本によこせという論ですね。しかし一九〇一年一月から三月にかけて満州問題・韓国問題が接合されて満韓問題になって以降、満韓不可分論（満韓は不可分であるという論）の立場から満韓の両方を欲しいという人たちが出てきた。たとえば桂《かつら》太郎や小村寿太《じゅた》郎《ろう》などがそうです。そして、満韓交換論と満韓不可分論との間に対立が生じたわけです。

　前者はロシアに対して妥協的なので、ロシアと協商を結ぼうとする（日露協商論）。協商というのは英語でententeと言い、帝国主義諸国が勢力範囲（縄張り）の線引きをするためのものです。かたや後者は次のように主張する。ロシアとそのまま交渉してもロシアは言うことを聞かないので、イギリスと同盟を結んで圧力をかけ、納得させよう（日英同盟論）。ちなみに前者は日露戦争が近づいてくると「やはりロシアとは戦えない」と言って、戦争をできるだけ避けようとした（避戦論）。一方で後者はロシアに対して好戦的だった（開戦論）。

　この説明はなかなかよくできていて、世代論と関連付けられている。前者の元老クラスである伊藤や井上は幕末、四国連合艦隊の砲撃（下関戦争）などで実際に戦っており、欧米列強がいかに強いかということを肌身に感じている世代なので、ロシアとの戦争をできるだけ避けようとする。それに対して後者の少壮後進は欧米列強との戦闘経験がなく、列強の恐ろしさを知らないのでイケイケドンドンであると。そういうイメージで語られてきたわけです。

この中山・角田の図式は説明としてはなかなかよくできているものですが、一方でうまく説明できないところもあります。たとえば山県有朋《やまがたありとも》は元老クラスですが、彼は避戦論ではなく開戦論を唱えていたとされる。このように、中山・角田の図式ではうまく説明できないところがあります。

千葉の仮説

よって私は、以下のような仮説を立てました。まず満韓不可分論を満韓交換論と対立するものとしてではなく、その前提として位置づけました。当時の史料を見ますと「満韓は不可分だから満州と韓国の問題を連結して解決しましょう。具体的には満州と韓国を交換しましょう」という文脈で出てきます。つまり満韓不可分論を実現するものとしての満韓交換論というわけです。

そして同じ満韓交換論でも種々ある立場を、ロシアに対して強硬な態度を取るか、宥和《ゆうわ》的な態度を取るかという視点で配置してみました。

ロシアに一番宥和的なのは「満州はロシアのものである」と認めたうえで韓国問題のみ交渉するという立場です。韓国問題のみをロシアと交渉すれば当然、ロシアの韓国における一部の権益を認めることになるので、これが一番宥和的である。その中間に満州と韓国を日露でお互いに分け合うという満韓交換論を持ってきて、さらにロシアに対して一番強硬的な立場として「韓国はもう日本のものとして確定しているので、ロシアとは満州問題のみについて交渉する」という立場を置いてみました。

また満韓交換論についても満州におけるロシアの権益、韓国における日本の権益をどれだけ認めるかによって幅が生じるだろうと考え、次のように分類しました。まず対等な満韓交換（狭義の満韓交換）を中心に置き、強硬的なほうに日本に有利な満韓交換（満州におけるロシアの権利を制限）、宥和的なほうにロシアに有利な満韓交換（韓国における日本の権利を制限）をそれぞれ置きました。

私がこのような仮説を立てたことには、次のような含意があります。第一次世界大戦以降、戦争は違法化しますが、それ以前戦争は悪いことと見なされていなかった。ただスポーツと同じく戦争中にやってはいけない行為はあり、戦時国際法というのが定められていました。

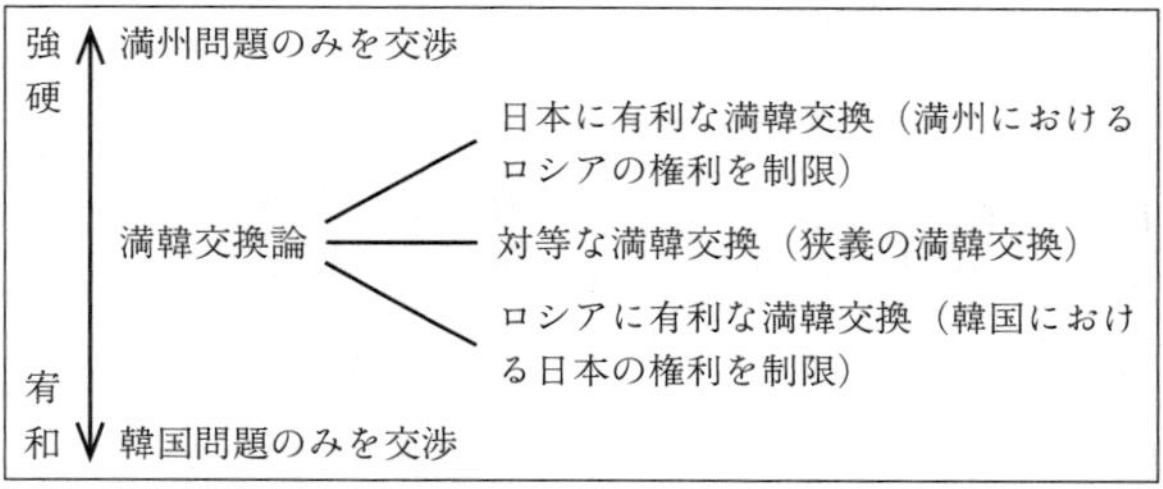

図2　千葉の仮説

たとえば捕虜を虐待してはいけない、都市に毒ガスを撒《ま》いてはいけないなどといったルールはあるのですが、ルールに則《のっと》って戦争をすること自体は合法であった。

また、しばしば戦争は政治の延長と言われるように、政治から戦争へ、戦争から政治へという転換は容易な時代でした。ですから第一次世界大戦以降、戦争が違法行為とされた時代のイメージでこの時代を見るべきではありません。言い換えますと、この時代には絶対的な避戦論者も絶対的な開戦論者もいませんでした。いるとしたらキリスト教を信仰するごく少数の人たちぐらいで、ほとんどいないと言っても過言ではない。たとえばロシアと韓国問題のみを交渉するという宥和的な立場の人も、場合によっては開戦論に転じる。それぞれの立場の人がそれぞれ「もう戦争するしかない」と思った時、戦争に転じる。そういうことを考えて、このような仮説を立ててみたわけです。

日清戦後の日本の対朝鮮政策

以下、私の仮説に基づいて通説とはかなり異なった説明をしていきます。その際、先行研究との違いも示していきます。まず、その前提として、日清戦争以降の対朝鮮政策からお話したいと思います。

日清戦争は広い意味で、朝鮮半島をめぐる日本と清朝中国との争いでした。つまり朝鮮と清朝中国との朝貢関係・宗属関係をめぐって戦争が起きたわけです。日本が日清戦争の勝利によって朝鮮半島における清の影響力を排除することに成功したと思った瞬間、日本の影響力は大きく後退する。すなわち、日清戦争終結と同じ年、一八九五（明治二八）年一〇月、三浦梧楼《ごろう》公使が朝鮮在住の壮士と謀《はか》って軍を王宮に入れ、李《り》氏朝鮮の第二六代国王・高宗《コジョン》の妃《きさき》であった閔妃《ミンビ》を殺害するという事件が起こります。閔妃を殺害したという情報が朝鮮にいた外国人から新聞に漏れ、世界的に報道されるのを、政府は打ち消しに回った。

そうこうしているうちに翌一八九六（明治二九）年二月、高宗がロシア公使館に逃げ込むという事件が起こります。これは通常、俄館播遷《がかんはせん》と呼ばれます。「俄館」はロシア公使館、「播遷」は王様が移るという意味で、これは日本で言うところの行幸に当たります。今もそうですけれど、公使館というのは外国と同じですよね。たとえばアメリカ大使館で何かあったとしても、日本の警察は踏み込めない。この時、朝鮮の国王はロシア公使館に逃げ込んでしまったわけですが、日本側からするとどうしようもない。これを受けて日本が日清戦争中に擁立した新政権（金弘集《きんこうしゅう》内閣）は崩壊し、金弘集は民衆によって殺されます。

ちなみにその翌年、一八九七（明治三〇）年に朝鮮は国号を大韓帝国（韓国）と改め、高宗は自らを皇帝と名乗るようになる。それまでは皇帝といえば中国の最高権力者を指す言葉であったため、このことは朝鮮が清との宗属関係から完全に離脱したことを意味します。

この閔妃殺害事件や俄館播遷を経て、朝鮮半島における日本の影響力は大きく後退する。昔の研究では「満韓交換は日清戦争後の日本の目標だった」と説明されますが、日本の影響力が大きく後退した状態において満韓交換はかなり強硬な意見であり、現実的には追求しようのない長期目標だったのです。

この後、一八九八（明治三一）年四月に西徳二郎（外務大臣）とロマン・ロマノヴィッチ・ローゼン（駐日ロシア公使）との間で西・ローゼン協定が結ばれます。たしかに西外務大臣はそこで満韓交換について言及していますが、あっさりと撤回します。すなわち日清戦争後の状況において満韓交換というのはあくまで理想論であり、日本政府はロシアとの交渉において満州のことはあきらめ、韓国問題だけを話し合おうとした。韓国問題の枠内で交渉・妥協をしていき、当然のことながら韓国におけるロシアの権益は一定程度認める。そういうスタンスを取るわけです。よって後述するように、非常事態になった場合には韓国を日露で南北に分割するという構想も出てきます。

――西・ローゼン協定で、ロシアに朝鮮の権利が一定程度認められている。また一九〇〇（明治三三）年の北清事変（義和団事件）後、ロシアは満州を占領しているという事実がある。そうした中で満韓交換論というのは、日本の政策を決める人たちの中では妥協されうるものだったのかもしれませんが、客観的にはそれはもう不可能だったのではないか。日本の政策を決定する人たちが満韓交換論を支持した時点で日露戦争は必然的だったのではないかと思うんですが。

日本側の希望はロシアからすると到底受け入れられないものだったからこそ、戦争になったわけです。ただし、実は満韓交換という要求にまったく可能性がなかったわけではないことは後述いたします。

満韓交換へと強硬化する外交官

さて一八九八（明治三一）年から一八九九年にかけて、中国ではいわゆる中国分割という事態が起きます。これはつまり、各列強が中国において勢力範囲(sphere of influence)ないし利益範囲(sphere of interest)と呼ばれているものを設定するということです。これは領土ではないのですが、かなり俗っぽい言い方をすれば縄張りのようなものです。皆さん、高校の教科書で色分けされた中国の地図をご覧になったことがあるかと思います。ドイツ・フランス・ロシア・イギリスといった各列強はそれぞれの権益を獲得しますが、日本はまだ中国に対する発言力が弱いので、港を租借する、あるいはそれに付随する鉄道の敷設権、鉱山の採掘権を獲得するまでには至らない。それに代わって一八九八年、福建省という海を挟んで台湾の反対側の地域を他国には譲らないようにしてほしいという要求を出します(不割譲要求)。満州という中国東北部ではなく、中国南部に対して要求するという点においてこれは興味深いことです。つまりこの時、日本は台湾対岸の中国南部に進出しようと考えていたのです。

列強は中国において権益を獲得していき、鉄道を敷いたり鉱山の採掘権を獲得したりする。そうすると中国でこのような動きに対する反発が起こり、外国勢力の排除を掲げる義和団という集団が挙兵し、席巻するようになる。義和団は山東省から出発し、当時の首都・北京に攻め込む勢いだった。そして一九〇〇(明治三三)年七月、ロシアは義和団事件が満州にまで波及したということを口実に満洲へ出兵する。これに対して日本の外交官は、従来の韓国問題のみを交渉する方針から韓国全体の権益を要求する方針へと転換する。しかしこれをロシアに認めさせるには、満州をすべてロシアにやらなければならない。つまりここで、満韓交換論を強硬的に唱える方針へと移行していきます。

それではなぜ、日本の外交官はそのようなことを言ったのか。日露戦争については後の一九三〇年代、すなわち昭和戦前期のイメージを遡及して適用している人がけっこう多い。そういう人たちは「外交官は軍に比べて対外協調的で平和主義」というイメージを持っていますが、日露戦争に関して言えばそれはまったくの間違いで、当時の外交官は軍よりもはるかに帝国主義的でした。当時の世界がそういう流れだったので、まずは対外関係に敏感な外交官が強硬的な方針へと移行していく。たとえば幣原《しではら》喜重郎の回想録を見ると、次のようなことが書かれています。日露戦争の時、釜山《プサン》領事であった幣原は日本人の巡査を呼び「朝鮮の郵便局に行き、ロシア領事館から電報を打ちにきたら刀を抜き、脅し付けてくれ」と頼んだ。その巡査は郵便局に行き、ロシア領事館から長い電報を持ってくると「それを受け取ったら斬り殺す」と言わんばかりに刀を抜いたので、郵便局員は震え上がった。その間に巡査は電報を奪い取り、破ってしまった。そういうことが誇らしげに書かれています。

従来の方針に固執する政治家

それに対して外交官以外の政治家は依然として従来の方針を唱えていた。たとえば山座円次郎という外交官の手紙には、次のようなことが書かれています。

金堅先生ぇ会し候処《ところ》、サモ熱心らしく朝鮮問題を述べ、最上の策は京城より南北ニ分ち日露領するに在りと云居候ニ付、京城は天然の境界ニ非す天然の境界は長白山なりと申候処、チヨハク山とはどう書くかと尋ねられ、呆《あき》れ返り申候。後にて思合すに、全く伊侯の請売り、御分りなきも御尤《ごもっとも》千万と感候。(山座円次郎書翰《しょかん》)

意訳しますと、金子堅太郎先生に会いましたところ、さも熱心らしく朝鮮問題について述べ、「最上の策は京城(漢城)で南北に分け、日露がそれぞれ領土とすることだ」と言うので、「京城は天然の境界ではありません。天然の境界は長白山です」と言ったところ「チヨハク山とはどう書くのか」と尋ねられ、呆れかえった。あとで思い合わせるとこれはまったく伊藤博文侯爵の受け売りで、金子先生はおわかりないのもごもっともだと感じた、という意味です。けっこう馬鹿にした文章ですね。ちなみに、長白山というのは白頭山のことです。金日成《キムイルソン》がそこで生まれたとされている、朝鮮と中国の国境線上にある山です。

山座が「長白山で日露の勢力範囲の線引きをしましょう」と言ったのに対して、金子堅太郎は「長白山ってどこ?」という反応をしている。ここでは金子が伊藤のブレーンであるというのがミソで、つまり伊藤といった外交官以外の政治家たちはいまだ満韓交換にまで考えが及んでいなかったことがわかります。

元老会議の決定

一九〇一(明治三四)年三月一五日、元老会議で東アジアについての方針が決められます。当時、憲法には規定されてはいないものの、元老という「建国の父たち《ファウンディング・ファーザーズ》」の集団がいました。国家をつくってきた彼らにはカリスマがあり、元老会議は閣議よりもよほど強い力を持っていた。伊藤博文、井上馨、山県有朋、松方正義などがそうですね。戦争はもちろんのこと、同盟など重要な外交事案は元老会議を経なければならない。さらにこの三月一五日の元老会議には外相(加藤高明)すら呼ばれていない。彼らは外相抜きで以下の方針を決めます。

露国の満洲に於ける動作に付、英独の意嚮《いこう》を以《もつ》てすれは、此《この》上実力に訴へ、之《これ》を抗拒する意なきや明なり。然れは日本単独露に当るや否の問題とし、外交上単独に露と交渉を試むるも、露国交渉に応せす又は要求を容《い》れさるときは、最後干戈《かんか》に訴へ雌雄を決する覚悟なかるべからす。最後の決心を要するものとせは、甚危険なりとす。然れは之に処する如何。此際は成るへく我行為を英独意嚮の範囲に制限するの外なし。韓国の事に至ては、露国も今遽《にわか》に日本と之を争ふの意なしとせは、現状を維持するを目的とし、若し時機あらば、露と協商を試み、其独立を主持し、日露両国衝突の種子たらさらしむるを努むべし。列強協同若し破綻の端を啓《ひら》き、清国分割の止むを得さるに至らは、我は浙江《せつこう》、福建に立脚の地歩を移すの外なし。（「元老会議の大意」）

ここでは満州問題と韓国問題について、別々に書かれています。満州問題をめぐってイギリス・ドイツはロシアと戦争する気がない。よって日本も満州問題については英独の意向の範囲内に収め、ロシアと戦争はしない。かたや韓国問題については現状を維持し、機会があればロシアと協商を結ぶ。先ほど外交官から満韓交換論に移行し始めたと言いましたが、そのような動きはこの時点では外交官のみに留《とど》まっており、元老にはいまだ満州問題・韓国問題を連結し、これらを交換するという発想がなかった。つまり元老は従来の方針を固守し、満韓交換論へは移行していなかったのです。

日英同盟問題の浮上

このような状況の後、日英同盟の問題が浮上してきますが、これも従来ですと次のように説明されてきました。すなわち満州問題・韓国問題が接合されて満韓問題となってから、日本とロシアはこの満韓問題全体の取り合いをするようになる。それでは妥協は不可能であり、戦争に突入するのは必然である。日本はイギリスと同盟を結び、その圧力によって強硬なロシアに満州・韓国はすべて日本のものであることを納得させようとした。よって日英同盟は必然的に日露戦争へ至ると。このようなイメージで語られたわけですが、しかし史料を見ますとそういうことはいえないわけです。以下、史料からわかる実際の動きをみていきます。

一九〇一（明治三四）年四月、駐英ドイツ代理大使のヘルマン・フォン・エッカルドシュタインが日・英・独三国同盟を提議したことから日英同盟はスタートします。のちにドイツは抜け、日英同盟となります。この提議があった時は第四次伊藤博文内閣でしたが直後に伊藤内閣が崩壊し、同年六月に元老（元勲）の次の世代である桂太郎が内閣を組織します。桂は外務大臣として小村寿太郎を想定していましたが、小村は義和団事件の後始末に中国にいたため、九月までは曾禰《そね》荒助《あらすけ》蔵相に外相を兼任させます。しかしこれが後々、齟齬《そご》をきたすことになります。

イギリスから同盟の提議を受けて八月末から活発な意見交換がなされ、九月一一日、元老の伊藤博文・井上馨・山県有朋と桂が会合をし、伊藤がロシア訪問が決定する。つまりこの時点では桂・山県を含めて、イギリス・ロシアとダブル・ディーリング（二股交渉）することで合意したわけです。当然、イギリスとの交渉とロシアとの交渉では重みが違います。イギリスとは本格的な交渉、ロシアとは予備交渉になるわけですが、いずれにせよ二股で交渉することは当たり前と考えられていたのです。

従来の説ですと山県は伊藤のロシア行に強く反対しており、伊藤が勝手な行動をしないようチェックしたと言われていますがそれはまったく逆で、むしろ山県のほうがロシア行に積極的であった形跡があります。山県は一八九六（明治二九）年にロシアに出かけていき、外務大臣であったアレクセイ・ロバノフ＝ロストフスキーとじかに話して協定（山県・ロバノフ協定）を結んだこともあり、ロシアへ元老クラスの人が派遣されて交渉すること自体によいイメージを持っていたと思われます。一九〇一年九月、伊藤は意気揚々と横浜を出発しますが、その数日後入れ代わるように小村が帰ってきて外相に任命されます。先ほども言いましたように、小村が九月一一日の会議にいなかったことがあとで大きな意味をもつわけです。

日英同盟の締結

イギリスはそれまで同盟を原則的に承認していたものの、具体的な同盟草案は提出していなかった。それが一一月になるとイギリスが同盟の具体的な草案を提出し、交渉は大きく進展しますが、その一方でイギリスは日本がロシアと交渉することを非常に嫌い、二股交渉であると警告するようになった。これを受けて桂・山県はロシア・イギリスとダブル・ディーリングするという発想から、とりあえずイギリスと同盟を結ぶという発想に転換していく。

それを知らされていない伊藤はロシアに出かけていき、交渉しようとするわけですが、その際に本国政府との間で電報の往復があります。特に桂は「伊藤はいまだにロシアと韓国問題を話し合おうとしているのではないか。韓国問題を満州問題と全然絡めようとしていないのではないか」と疑う。それでお互いに相手のことを詰《なじ》るというか、確かめるような電報の往復がありますが、伊藤は結局次のように弁明します。すなわち自分は満韓交換論に則《のっと》り、韓国の全部を確保するつもりであることを桂に断言する。よってその時点で、一般政治家も満韓交換論へ移行したと考えられます。言い換えますと、一九〇一年後半になって、一般政治家・外交官ともに満韓交換論を支持し、それを実現するためにイギリスと同盟を結びつつ、ロシアとも協商を結ぶといった発想が当時の政治家の最大公約数であったと考えられます。

一九〇二（明治三五）年一月三〇日にロンドンで日英同盟協約が調印され、即日実施されますが、桂や小村は特に伊藤の意見を押し切ってこの同盟を結んだことを自分たちの功績と見なし、独占しようとします。二月一二日、桂は日英同盟を貴族院で発表するとともに同日の官報に掲載しますし、秘密主義の小村でさえ時事新報の記者に「自分之口より洩《も》れたと云はれては困るなれ共、此同盟には伊藤侯は何等之関係なし。日露同盟を締結せんとせし伊侯には気之毒千万なれ共、現内閣は今回日英同盟を締結せり」と語っています（西園寺《さいおんじ》公望《きんもち》宛志賀重昂《しげたか》書翰）。日露同盟を結ぼうとした伊藤を押し切り、自分たちは日英同盟を締結したというのです。実際は、伊藤は「日露同盟」とまでは言っていないのでこれは完全なる事実誤認ですが、ここでは明らかに日英同盟論（桂・小村）対日露協商（同盟）論（伊藤）という図式が成立しています。自分たちは前者の日英同盟論者であり、後者の日露協商論者を押し切って日英同盟を結んだ。小村はそういうことをマスコミに語っているわけです。これは後世の研究にも強い影響を与え、日英同盟論対日露協商論という図式が成立する大きな原因になったと思われます。

日露交渉の開始

同年一月二〇日、日英同盟が締結間近で確実となった時点で、小村は新任の駐露公使・栗《くり》野《の》慎一郎に日露間の予備交渉を訓令します。日英同盟の交渉をしつつロシアとも交渉する。これは要するにダブル・ディーリングですね。イギリスから警告されたからとりあえず日英同盟は結んだけれども、ロシアとも話を付けなければいけない。桂と小村は内心ではそう考えており、日露協商の予備交渉を同時並行的に行うことは既定方針だったと考えられます。

栗野はこの後、ロシアに私案を提出しますが、それがなかなかうまくいかない。そうこうしているうちに一九〇三（明治三六）年四月を迎えます。日英同盟が結ばれた後、ロシアは一九〇二（明治三五）年四月に清朝中国との間に条約を結び、三回に分けて満州から撤兵することを約束していました（満州還付に関する露清条約）。それが、ロシアは一九〇二年一〇月の第一期撤兵は遵守しましたが、それから半年後、一九〇三年四月八日の第二期撤兵を遵守しなかった。これは満州の中心部から撤兵するという最も本質的なものだったのですが遵守せず、それどころか逆に「満州から手を引いてほしかったらこれらの条件を飲め」ということで中国に七カ条の条件を提出した。

このような動きを受けて、日本はどうしたか。一九〇三年四月、大阪で開かれていた第五回内国勧業博覧会の関係で政府関係者はみな関西に来ていた。そのため京都の山県有朋の別荘・無鄰菴《むりんあん》で元老・内閣の会議が開かれます。具体的には山県・伊藤の両元老と、内閣側の桂・小村の四人で話し合われたわけですが、その内容は端的に言って満韓交換で合意したといえます。

桂は自伝で次のように言っています（『桂太郎自伝』宇野俊一校注、平凡社東洋文庫、一九九三）。「満韓両国を以て問題となし、兎《と》に角《かく》二つの品物を二個に分つの道理なれば、公平なる理論の根拠あれば、決心は決心として解決し得べき問題なり」。満州と韓国を「二つの品物」と見ているところがこの時代らしいですが、一つの品物を日露で取り合うのではなく二つの品物を日露で分けあう。満州はロシア、韓国は日本がそれぞれ取ることにすれば妥協は可能だろう。いろいろ大変なことはあるが、双方が決心さえすれば解決可能な問題である。これは、今からみると露骨な帝国主義的発想ですが、当時の日本の政治家にとって満韓交換論が最大公約数であったことがあらためてうかがえます。

この後、六月の御前会議を経て八月に栗野からロシア側へ満韓交換的な案を踏まえた提案が行われ、正式な日露交渉がスタートします。

日露のスタンスの差

しかしこの時の日露双方のスタンスから考えてもその解決が容易でないことは明らかでした。まず、ロシア側は次のようなスタンスを持っていた。満州の問題はあくまで露清間の問題であり、また現に満州はロシア軍が占領している以上、満州問題に日本は全然関係ない。日本とは韓国問題の枠内で話し合って、その枠内で妥結しよう。彼らはそういう考え方を持っていた。

一方で日本側はどのようなスタンスを持っていたか。伊藤博文を含めた元老たちは、この頃にはもう満韓交換に移っている。最終的な落としどころとしては対等な満韓交換ですね。満州におけるロシアの権益と、韓国における日本の権益がほぼ対等となる狭義の満韓交換が望ましい。交渉の最初の段階では二国間が互いの主張を言い合うもののその後は少しずつ歩み寄り、ある程度の線で妥結する。これが交渉のセオリーですが、日本が対等な満韓交換という最終的な落としどころから交渉をスタートさせてしまった場合、自分たちにとってより不利な条件で妥結することになる。そうではなく、テクニックとしては自分たちの本心にある落としどころより厳しめな要求から始めたほうがいい。では具体的にはどうすればよいか。韓国における日本の権益に比べて、満州におけるロシアの権益を制限する。具体的に言えば、満州におけるロシアの権益を鉄道などに限定する。つまり、日本に有利な満韓交換から交渉をスタートさせるというわけです。

山県の主張

このように日本とロシアではスタンスがかけ離れておりますので、交渉は暗礁に乗り上げます。そこで一九〇三年一二月一六日、首相官邸で元老会議が開催されます。これは元老会議ですが内閣から桂・小村といった一部閣僚が出席していますので、正確には元老・閣僚合同会議ですね。ここでは次の三つの選択肢について話し合われました。

第一　露国の主張を容《い》れ満洲を全然《ぜんぜん》我利益の範囲外と認むること

第二　我方に於て満洲を全然利益の範囲外と認むると同時に露国をして韓国を全然其利益の範囲外と認めしむること

第三　飽迄《あくまで》我修正案の主旨を貫徹するに努むること

第一の選択肢は満州を日本の利益の範囲外と認めるというものですが、これはロシアの主張を丸呑《の》みするようなものであり得ない。よって事実上、第二か第三かの二択となります。第二の選択肢は日本が満州を利益の範囲外と認めるのと同時に、ロシアは韓国を利益の範囲外と認めるというものです。これは対等な狭義の満韓交換論ですね。そして第三の選択肢は、あくまで日本側の対案の主旨を貫徹する。つまり日本は自らに有利な満韓交換論から交渉をスタートさせているので、あくまでその線で頑張るということですね。

当時の元老会議・御前会議はけっこう激論になるのですが、この時も山県はかなり強い主張をします。山県は第二の選択肢、つまりロシアと対等な満韓交換の方針を取るべきだと主張する一方で、これは一見すると矛盾していると思われるかもしれませんが、韓国に軍隊を出すべきだと主張する。具体的には一〜三個師団でだんだん数が少なくなりますが、当初は三個師団がよいと言っていた。山県の発想では韓国に出兵したとしても限定出兵なので、ロシアとは戦争にならない。韓国を軍隊で押える一方でロシアとは交渉を妥結しよう。彼はそう主張します。この路線を山県は桂首相あての手紙のなかで「武士提刀之談判」と書いていますが、これまた幕末の志士らしい表現ですね。今までのように商人《あきんど》が商売するような交渉では駄目で、これからは武士が刀を引っ提げつつ交渉するような談判にすべきだというのです。

山本の猛反対

しかしこの山県の前に立ちはだかるのが山本権兵衛海相です。山本はちょうど陸軍における桂と同じポジションにいて海軍の軍政組織を整備してきたような人物で、かつ内閣においても副首相格です。たとえば桂が病気で欠席したりすると、山本が代わりに内閣を代表して発言する。その山本が山県の案に頑強に反対するわけです。山本の女婿で後に海相を務めることになる財部彪《たからべたけし》は昔を回想し、次のように書いています（『財部彪日記』全二巻、坂野潤治他編、山川出版社、一九八三）。

日露開戦前桂総理ガ韓京ニ派兵ノ事ニ付（韓皇御逃遁《とうとん》拒止、韓京秩序維持ノ問題）曖昧ナル体度ヲ取ラレタルトキ、韓皇ノ外使館ニ遁込《にげこみ》シガ如キ、又韓京ノ秩序破壊ノ如キ事ハ大戦略ノ前ニハ顧ルニ足ラズ、万一是《これ》等ノ顧慮ノ為《ため》海戦ノ機先ヲ制スル事ヲ得ズ、従《したがい》テ大作戦ノ初歩ヲ誤ル如キ事アラバ如何《いか》ナル大戦略家出ルモ到底挽回《ばんかい》出来ズ、故ニ予ハ断ジテ事前派兵ノ事ニ仝意《どうい》出来ズ、是ヲ為スニハ先予ノ首ヲ刎《は》ヌベシ。但シ予ハ其前君（桂伯）ヲ刺スベシト極言シ、彼ヲシテ決心セシメタル事アリ。

意訳しますと、日露開戦前、桂前首相が韓国の首都ソウルに派兵する問題が起きた際に曖昧な態度を取った。その時、山本は次のように言った。「韓国の皇帝が外国の公使館に逃げ込んだり、韓国の首都ソウルの秩序が破壊されたりといったことは、大戦略の前には顧みるに足らない。万一これらを顧慮したために海戦の機先を制することができず、大作戦の初歩を誤るようなことがあれば、どのような大戦略家が出ても到底挽回できない。ゆえに俺は断じて、事前に韓国に派兵することには同意できない。もしこれをするのであれば、まず俺の首を刎ねろ。ただし俺はその前にお前を刺す」。山本は桂にそう言って思いとどまらせたというのです。山本からするとロシアとの戦争を決着するのは艦隊同士の決戦であり、その前に陸軍を朝鮮半島に派遣して、ズルズルと日露戦争になってしまったら困る。戦略上、ロシア艦隊との決戦に向けて万全を尽くしたい。これはいかにも山本らしい発想ですね。

元老と内閣の対立

よって一九〇四（明治三七）年一月一二日の御前会議でも激論になります。私たちはここで昭和期の御前会議を想像してはならない。昭和期の御前会議は極めて官僚的で、御前会議となる前に会議でできるだけ詰めて、それでも調整できない場合は陸軍と海軍、もしくは陸軍と外務省の意見の両論併記というかたちでそれぞれの主張を並べる。天皇の前で激論するのははしたないというのは昭和期のことでして、明治期では国家をつくってきたという自負のある元老たちは天皇の前で結構激論するわけです。

「大《おお》ニ論議セラレタリ。然レトモ是日未タ開戦ニ決セス。政府ハ尚一応露国ニ再考ヲ求ムルコト、及陸兵ノ韓国派遣ハ、海軍ノ出兵準備整ヒタル後ニ行フコトトナレリ」。従来の研究ですと「日露戦争直前は非戦論と開戦論が対立していた」という説明がなされますが、そうではなく、元老と内閣の対立と考えたほうが実像にあてはまります。

先ほどの山県の主張に伊藤が同調、元老たちは韓国への限定出兵を求めます。韓国に限定出兵してもロシアと戦争にはならない。今漢城（ソウル）に出兵しておかなければ韓国はロシアの影響下に置かれ、持っていかれてしまう。あるいは俄館播遷の二の舞、つまり韓国皇帝がロシア公使館に逃げ込む恐れがある。韓国への限定出兵を行う一方でロシアへは対等な満韓交換を即時提議し、交渉を打ち切ってしまえばよい。山県・伊藤ら元老たちは韓国への陸兵派遣が戦略の鍵を握ると考え、陸軍は当然ながらこの発想を支持することになります。

かたや内閣側の桂や小村、山本は次のように主張します。まず、今の時点で韓国に出兵するのは時期尚早である。韓国に出兵すればロシアとの開戦につながる恐れがある。日本はこれまで韓国の独立・領土保全を尊重するということを繰り返し述べてきたが、出兵すればその約束を明確に破ることになり、列強における日本の評価は低下するだろう。ロシアとの交渉は継続し、その間に海軍の準備を整え、ロシア艦隊との決戦に備える。これが内閣側の発想であり、海軍は当然のことながらこの発想を支持します。

日露戦争へ

それでは、元老と内閣の対立はどのように収束したのか。一九〇四年一月中旬はまだ対立が続いております。史料によるとだいたい一月いっぱいはその状態が続きますが、一月末になってもロシアからは対案の提出がない。ロシアの皇帝は冬の間、冬宮に移っているので首都サンクト・ペテルブルクとの往復に時間がかかるのですが、日本側は「対案の提出が遅れているということは、やる気がないのだ」と受け取ります。ロシアには永続的な日露交渉を締結する意思がなく、戦争準備のために交渉を引き延ばしているに過ぎない、そう判断したわけです。

結局、一九〇四年二月四日の御前会議では内閣・元老が一致して開戦を決定します。この元老会議の直接的なきっかけは旅順に停泊していたロシア艦隊が出港し、行方がわからないという情報が入ったことです。彼らはこれを受けてロシアが戦争に踏み切ったと考え、ロシアとの外交関係を断絶して軍事行動を取ることを決定します。

二月六日、栗野はロシア側に交渉中止と国交断絶に関する公文を提出し、この後日露間で戦闘行為が始まり、戦争に至ります。当時は開戦に関する条約はありませんので宣戦布告は必要なく、戦闘行為が始まれば開戦と見なされていました。二月一〇日の宣戦の詔勅もあくまで国内向けで、日本国民を納得させるための文章ですが、ここでは韓国の安全が危急に瀕したことを大義名分としています。言い換えますと満州問題は戦争の原因となっておらず、いわゆる満韓交換、すなわち韓国の完全確保が戦争を始めた時の日本政府の本意であることがうかがえると思います。

ちなみに日露戦争中、ロシア軍の撤退とともに日本軍がどんどん北上していくと、日本軍は満州の南側を事実上占領することになります。占領してしまえば当然既得権益になりますが、これをどうするのか。戦争を始めた時は満韓交換論に基づき、満州はロシアにやるということになっていたので、満州のことはほぼ考えていなかったのですが、日露戦争が終わる頃には占領した南満州をいかに確保し、権益を伸ばしていくのかという発想に転換することになります。

――一九〇四年一月の時点では内閣が非出兵、元老が出兵という図式で、元老側は韓国に出兵してもロシアと戦争にならないだろうと考えていた。二月になると内閣と元老は一致して開戦を決定するわけですが、その間にはずいぶんギャップがありますよね。一月の時点で当然「戦争をしたらまずいのじゃないか」という考えがあったと思うんです。でも「負けるから戦争は避けよう」と考えるのではなく開戦を決定したのはなぜですか。

前に申し上げましたように、絶対的な避戦論者も開戦論者もいません。ロシアとの戦争に反対する人もあくまで、その時点では反対というだけです。あるいは戦争に賛成する人も、いつ開戦すれば有利なのかということを考えていた。そして、もしも戦争になったならば、負けたら話にならないので、戦争に勝つにはどうすればいいのかということを考える。当時、極東(シベリア)で国境を警備するロシア軍の数は少なかった。それならば日本の陸軍のほうが数も多いし、開戦当初は勝つことが予想されますが、いざ戦争が進むと事情が違ってくる。

日露開戦当時のシベリア鉄道は単線で、それもバイカル湖の迂回《うかい》区間は未完成で全線開通していませんでしたが、戦争が始まればシベリア鉄道を伝って西から東へロシア軍が移動してくる。当初、ロシア軍は少なかったんですが時間が経《た》つにつれて急速に数が増えていく。それに対して日本軍が満州・韓国に集中する伸び率もあるのですが、ある時期になるとそれがロシアに逆転される。伊藤や山県も「今、韓国に限定出兵しなければロシアに韓国を取られてしまう。出兵してもロシアとは戦争にならないだろう」と思いつつ、戦争になったらどうするかということを常に念頭に置いていた。戦争するとなれば、やはり勝たなければならない。そうするとやはり早い時期のほうが有利で、時間が経てば経つほど日本にとって不利な状況になっていく。その判断の分水嶺《ぶんすいれい》となったのが一九〇四年一月末ではないかというのが私の見立てです。

一九〇四年一月末の時点でロシア側の対案が日本へ届いていなかったわけですが、実はその直後、ロシアは対案を出しています。しかし日本側は戦争を覚悟し、艦隊出動の秘密を守るため満州の電信線を切ってしまったため、それは届かなかったのです。そのロシア側対案を見ますと、ロシア皇帝のニコライ二世も満韓交換にある程度同意していたことがわかります。当時、満州におけるロシアの権益に比べて、韓国におけるロシアの権益はかなり小さかったこともあり、ニコライは日本との戦争になるのであれば韓国を放棄するのもやむをえないと考えていたふしがあります。

実際、日本には届かなかった対案は「満州に関しては一切口を出すな」という従来のロシア側の論理からはだいぶ満韓交換に踏み込んだ案でして、満韓交換が妥結する可能性はゼロパーセントではなかっただろうと思われます。日露妥結の可能性が大きかったかどうかは一概に言えませんが、ロシア側も最終的には満韓交換の線まで踏み込んでいたことは確かです。

——一九〇四（明治三七）年二月一〇日に宣戦の詔勅というのが出され、ここで韓国の安全が危急に瀕したことを国民に説明した。高校の教科書や今回の講義でも、政治に直接関わっている人がどう考えているかということについてはよく説明されていますが、国民全体、つまりあまり政治に近くない人たちはそれほど韓国を重要視していたのか。韓国を確保するためには戦争しなければならない。国民全体で、そういう認識が一丸としてあったのか。

当時は文字を書けない人も多く、たとえ書いたとしてもそれが後世に残らない人たちもいたわけですが、そういう人たちはいったいどのように考えていたのか。それはみなが知りたいことですが、今となってはよくわからない。よって答えられる範囲で、新聞などメディアの論説が国民意識を反映していると仮定して話します。

新聞の論調を読んだ国民はそれにかなりの影響を受けるだろう。そういう仮定のもとで言いますと、当時の新聞は幸徳秋水ら明治初期社会主義者の『平民新聞』以外はおおむね「韓国問題で日露が戦争するのは当たり前で、満州からもロシア軍を追い出せ」とまで主張する新聞がほとんどでした。一九〇三（明治三六）年六月、日露戦争の直前に東京帝大などの教授七人（戸水寛人《とみずひろんど》・富井政章《まさあきら》・金井延・寺尾亨《とおる》・高橋作衛・小野塚喜平次・中村進午）が日露開戦論を主張する意見書を政府に提出しました（七博士事件）。ここでは「満州からロシアを追い出せ」という非常に強硬な意見を政府に上申するわけですが、これを支持するのが新聞であります。また『萬朝報《よろずちょうほう》』が開戦論に舵《かじ》を切ったのは、読者層として想定される人たちのことを考え、開戦論だと新聞が売れると判断したからです。韓国に関して日本は幕末以前から自国の安全保障の問題として考えているところがありますので、韓国問題で戦争に踏み切ること自体は宣戦の詔勅における説得の論理としては妥当だったのではないかと思います。戦争が始まれば兵士が動員され増税になるなど国民負担が増えるので、国民の支持を調達しなければやっていけない。ですから国民が一番納得するようなポイントを押さえて、宣戦の詔勅ができているのではないか。私はそう思います。

第七講

明治はどのように終わったのか？

山口輝臣

「はじめての明治史」と題したこの連続講義の最終回に相応《ふさわ》しい内容はなんだろう？　いろいろと悩んだ結果、明治の終わり方をとりあげることにしました。平成もそろそろ終わることですし、うまく行けばそれとの関りで、みなさんがなにかを掴《つか》むきっかけを提供できるかもしれない――そう期待してのことです。なお、本講では、話の都合上、元号を主に使用します。理由は、講義が進むなかで、おそらくお分かりいただけるものと思います。

平成の終わりと昭和の終わり

いま、「平成もそろそろ終わる」と述べました。みなさんもとくにヘンには感じなかったでしょう。ただ平成の前の昭和の時は違いました。

昭和が終わったのは、今年が平成三〇（二〇一八）年ですから、三〇年前。皆さんのほとんどはまだ生まれていなかったでしょうが、私はおりました。といっても、当然のことながら、いま前にいる私そのままではありません。一八歳の紅顔の美少年で、背丈はそのままに、もう数キロほど細い姿を想像してください。そんな私が、「昭和もそろそろ終わりますね」と言ったら、当時は周りから白い眼で見られるか、あるいはヒソヒソ話がはじまるかのどちらかでした。

どうしてですかって？　戦前ならともかく、言論の自由が大幅に認められた日本国憲法のもとでなぜか、と。なるほど。たしかに言論の自由なども関係してはいました。ただ、それとは少し異なるところに、こうした発言の問題点はありました。それは、昭和が終わるということが、昭和天皇が亡くなるということとイコールだった、という点です。つまりさきほどのような発言は、昭和天皇の死期が近いと言うに等しかったのです。

人は社会生活を送り、成長していくなかで、「あの人もそろそろですな」などと、人前で言ってはいけないことを学んでいきます。その頃、天皇の亡くなる日のことを指すXデーという隠語が使われたのも、好意的に解釈すれば、そうした配慮と関係していた面もあったのでしょう。国民の象徴である天皇に配慮がなされるのはある意味では当然のことで、そうしたなか、「昭和もそろそろ終わりますね」と誰かが言えば、それは小さな「事件」でした。

来る平成三一（二〇一九）年に予定されている「生前退位」によって、これまでの仕組みはいろいろと変わりますが、この点もそのひとつです。天皇の在位期間と元号の期間とが一致するのは従来通りですが、「生前退位」が可能となり、「終身在位」でなくなったことで、天皇の生死と在位とは切り離されます。つまり明仁天皇の生命と関係なく平成は幕を閉じる。「平成もそろそろ終わりますね」と授業で気軽に（？）言えるようになったのは、こうした変化があったことによります。

「一世一元」のはじまり

天皇の在位期間と元号の期間とが一致する仕組みのことを、「一世一元」の制と言います。聞いたことありますよね、教科書にゴチックで出てきますから。どこに出てくるかというと、明治維新の最初のあたり。一八六八年の「九月に年号を明治に改元して一世一元の制を採用し」といった具合です。幕末には、孝明天皇の時代に、安政の大獄があったり、文久の改革があったりと、同じ天皇が位に即《つ》いていたあいだにも元号はしばしば変わりました。そうしたことをやめようと導入されたのが「一世一元」の制でした。明治と改元した詔書（天皇が発する公文書の一種）のなかに登場し、今後はずっとこれでいくと謳《うた》われています。提案したのは岩倉具視です。

「一世一元」に改めるべしという主張は、それから八〇年ほど前――ちょうど、すぐあとで触れる光格天皇の時代――に、大坂懐徳堂の中井竹山などの学者によってなされていました。中井竹山は、老中松平定信に提出した『草茅危言《そうぼうきげん》』のなかで、元号をコロコロと変えると煩雑で覚えにくいので、明や清にならって「一代一号」を採用すべきだ、と述べています。元号という仕組みは中国に由来するもので、本家でも頻繁に変わってきたわけですが、明や清の歴史をちょっと詳しく勉強した人でしたら、太祖洪武帝の時期には洪武〇年、聖祖康熙帝《こうきてい》の時期には康熙×年など、明と清の時代は、元号と皇帝の名がだいたい一緒であることに気付いたかもしれません。そのやり方が便利だから採用しようというわけです。

明治維新というと、日本の昔に返ろうという「復古」と、西洋に学ぼうという「欧化」ばかりに目が行きがちですが、このように中国に倣《なら》おうという発想――「漢化」とでも言いましょうか――も、一部にはありました。なお、この「一世一元」の制は、今回の「生前退位」によってもそのまま生き続けます。「生前」であっても「退位」であり、それにともなって元号は変わります。

「終身在位」のはじまり

「生前退位」によって「一世一元」は変わらなくても、「一世」についての考え方は変わります。「一世」を生死と切り離して考えることになるからです。そしてそれにより、「終身在位」というこれまでのあり方に風穴をあけたのです。

では、「終身在位」はいつ定まったのでしょうか？　正解は、「一世一元」の宣言から二〇年ほどが経った明治二二（一八八九）年二月一一日。こういえばお分かりでしょう、大日本帝国憲法（明治憲法）と同時に制定された皇室典範《てんぱん》でのことです。その第一〇条が「天皇崩《ほう》ズルトキハ皇嗣《こうし》即《すなわ》チ践祚《せんそ》シ祖《そ》宗《そう》ノ神器《じんぎ》ヲ承《う》ク」でした。崩ずるとは天皇・皇后などが亡くなることで、名詞は崩御《ほうぎょ》。践祚は位を受け継ぐこと。よって現代語訳すれば、「天皇が亡くなられたときは、跡継ぎが直《ただ》ちにその位を受け継ぎ、歴代天皇の神器を継承する」となります。天皇として亡くなるのが前提となっている条文であることから、「終身在位」を規定しているものと解されてきました。

どうしてこうした規定が置かれたのでしょうか？　伊藤博文の名で出された公的注釈書『皇室典範義解《ぎかい》』（一八八九年）には、歴史的な理由だけが挙げられています。譲位は、皇極天皇以前に例はなく、聖武天皇と光仁天皇に至って定例となったものであり、両統迭立や南北朝の乱などを招いたりしたので、そうした慣例を改めるという内容です。明治憲法や皇室典範がつくられたこの当時は、いまからすると信じられないほど皇族が多く、それを削減することが課題となっていたほどですが、皇族が分裂する可能性をどれほどのものと考えていたのかは分かりません。ただそうした事態を未然に防ごうという意図が、この条文にあったことは確かでしょう。

「終身在位」の終わり

この規定は、昭和二〇（一九四五）年の敗戦にともなって皇室典範が廃止され、昭和二二年に同名の法律に衣替《ころもが》えした際にも、第四条に「天皇が崩じたときは、皇嗣が、直ちに即位する」と受け継がれます。「践祚」や「神器」といった文字は消えましたが、「終身在位」はそのまま残りました。この点を変えたのが、平成二八（二〇一六）年八月の明仁天皇による「おことば」（「象徴としてのお務めについての天皇陛下のおことば」）をきっかけとする改革でした。皇室典範の右の条文に対して、「天皇の退位等に関する皇室典範特例法」がつくられ、「生前退位」を可能にする仕組みが設けられました。

なので、いまや「終身在位」は旧制度です。旧制度のもとでは、明治・大正・昭和の三代の天皇が亡くなりました。さらにこの制度以前の孝明天皇と仁孝天皇も、在位のまま亡くなっています。そのため「生前退位」した直近の天皇となると、その前の光格天皇となります。一八一七年のことです。すなわち来年の「生前退位」は、二〇二年振りのことになります。

この光格天皇は、「復古」を目指してさまざまな試みを行い、亡くなったあとには漢風諡《し》号《ごう》（生前の行跡《ぎょうせき》に基づいて贈られる諡《おくりな》のうち中国風のもの）に天皇号という呼び名を贈られました。およそ一〇〇〇年振りのことでした。意外に思われるかもしれませんが、平安時代の途中から、花山院とか一条院とかのように、諡号ではなく、居住地や陵の地名などに由来する追号《ついごう》に院を加えて呼ばれるのが普通でした。そうしたことから、光格天皇は、天皇の歴史上の大きな転換点であり、近代の天皇の起源であるとして、このところ注目を集めています。明仁天皇が「生前退位」を検討した際にも参考にしたとの報道もありました。

ついでに言っておくと、中井竹山は元号についてだけでなく、この諡号/追号および天皇/院の問題についても意見しています。「諡号+天皇」が正しいとしたばかりか、「追号+院」のものは改めるよう提案していて、在位中の代表的な元号+天皇とせよと述べています。理由は、これまた明と清の例によるのが簡便だからとのこと。この提案の通りになることはなく、結局のところ、追号のまま天皇と称することになっていきますが、中井竹山のアイデアは、お気付きのように、明治天皇以降に現実のものとなります。そして中井の案が「漢化」として提示されている点は、近代の日本を考える上で、いろいろと想像を刺激してくれます。

その日のための準備

ここまで来れば、明治が終わるとはどういうことか、お分かりいただけるでしょう。それはまず、明治という元号の時代が終わるということでした。そして明治という元号が終わるのは、明治天皇が亡くなる時でした。そういう仕組みが導入された最初が明治だったということになります。

明治が終わるのは大事件と言えば大事件です。しかしそれに向けて国民すべてがあらかじめ準備をしなくてはいけない、といった類《たぐい》のものではありません。ただその準備をしておかねばならない人たちも当然います。その筆頭は、国家経営に携わるお役人たちでしょう。

明治の終わりに関して皇室典範で定められたことは、さきほどお示しした天皇が亡くなればすぐに践祚して神器を受け継ぐこと（第一〇条）のほか、そのあと元号を建てて「一世一元」の制に則《のっと》って在位中に改元しないこと（第一二条）、そして即位の礼と大嘗祭《だいじょうさい》は京都で行うこと（第一一条）ぐらいでした。崩御―践祚―改元―即位の礼・大嘗祭という幹のところだけです。しかもそれを実施するということしか書かれていません。もちろん、ここから先はすべて慣習でやることにし、法など整備しないというやり方も、論理的にはあり得ます。現に明治を立ち上げた時はそうやって済ませた、と見ることもできます。

しかしそうした方法は採られませんでした。それでは乗り切れないと見られていたようです。理由はいくつかありますが、慣習がひとつに収斂《しゅうれん》しておらず、どれに依拠して良いか判断に困る場合が多かったこと。そして明治維新とその後の改革によって、先例を踏襲できなくなってしまった事柄があったことが主なものでした。

後者の代表格が葬儀と埋葬です。天皇の葬儀を大喪《たいそう》と言いますが、それに関する規定が先の根幹には見えません。必要ないと考えていたのではありません。どうやるのか、難しい問題だったのです。明治初年に皇室においても神仏分離を実行し、しかも「仏」のほとんどを皇室の外に放逐しました。おかげで、仏式の葬儀を執行するのも、泉涌寺《せんにゅうじ》に埋葬するのも難しくなりました。泉涌寺は京都にあり、中世以降、多くの天皇の葬儀と埋葬が行われた寺です。なので、先例は役に立ちません。かといって、「復古」で行くというのもきびしいものがあります。なにせ明治維新の「復古」とは、理念的には神武創業への「復古」なので、その時のやり方を復元することなど土台できません。すると、もう少し新しい律令の時代――と言っても、十分に古いわけですが――のやり方をチラチラ横目で見ながら、実質的には、実施可能な方法を、ほぼ一からひねり出す必要が出てきます。なんといっても実際にできなければ意味がないのですから。

しかし新しいそのやり方の正しさはなにが保証してくれるのでしょう？　もっとも確実で

説得力があるのは、それが法だから、というものでしょう。そう考えると、明治国家にとって、法によって規定するほかに選択肢はなかったと言えそうです。

ところが、関連法令の整備はなかなか進みません。条約改正との関係もあって、いわゆる六法をはじめ緊急度の高い法典の編纂《へんさん》が優先されたことも、大きな理由です。ただそれとともに、天皇の行動、とりわけ儀礼的なそれを、法によって規定していくことに、心理的な抵抗があった節《ふし》も見受けられます。すでに明治憲法に「天皇ハ国ノ元首ニシテ統治権ヲ総攬《そうらん》シ、此《こ》ノ憲法ノ条規ニ依《よ》リ之《これ》ヲ行フ」とあるように（第四条）、天皇が憲法に拘束される存在であることは明文化されていました。しかし践祚・改元・大喪・即位の礼・大嘗祭といった儀礼的行為まで法で規定する必要があるかとなると、異論もあり得るでしょうし、現にあったわけです。

完了しなかった関連法令の整備

しかしこれらも国事と深く関わる、あるいは国事そのものであると考えることで、天皇の行動に法の網をかける作業が本格的にはじまっていきます。明治三二（一八九九）年八月のことです。法典整備なども評価されて実現した条約改正が実施された翌月ですが、この時機になったのは、すでに述べたように、偶然ではありません。

整備の中心になった機関は帝室制度調査局といいます。伊藤博文と伊東巳代治《みよじ》という、明治憲法と皇室典範の制定の中心人物が主導しました。基本方針は、明治憲法の下に国務事項に関して勅令という法形式（日本国憲法における政令に相当します）があるのと同じように、皇室典範の下に皇室事項に関して皇室令という法形式を作り出し、それによって関連する事項を規定していくというものでした。紆余曲折《うよきょくせつ》があって、それも結構おもしろいのですが、残念ながら本日は省略します。なお、皇室令は、戦後に皇室典範が一般の法律になったことで、根拠となる法令がなくなり、効力を失いました。いまはありません。

皇室令	制定年
登極令	明治42年
皇室服喪令	明治42年
皇室喪儀令	大正15年
皇室陵墓令	大正15年

表1　関係する主な皇室令

関係する主な皇室令は表1の通りです。登極令《とうきょく》は践祚・改元・即位の礼と大嘗祭について、皇室服喪令《ふくも》は、皇室関係の喪について、皇室喪儀令《そうぎ》は天皇の葬儀である大喪のほか皇族の葬儀について、皇室陵墓令は、天皇の陵のほか皇室の陵墓についての規定です。これらのうち、前の三つには、条文のあとに附式という儀式やり方に関する長い記載が付いています。これによって、先例のあったものもなかったものも、どのような形で行うべきかが定まったことになります。

さてこの表を見て、なにか気付きませんか？　そう、整備にかなり時間が掛かっていますね。明治三二年にはじめて、早いものでも明治四二（一九〇九）年と、明治の終焉《しゅうえん》近くまでずれ込んでいて、それどころか、大正一五（一九二六）年というものまであります。元号で言ったのでお分かりかもしれませんが、これは大正の終わりに間に合うよう制定したものです。ということは、明治天皇の葬儀と埋葬は、公布された法令なしで行われたことになります。皇室令でないので表には載せませんでしたが、国葬令という大喪と深く関係する勅令も大正一五年にできています。関係者の怠慢でこうなってしまったわけではありません。草案が明治天皇の手許に置かれたまま最期を迎えたため、公布に至らなかったためでした。

明治天皇の高等戦術？

そうなった事情には、天皇の意志が絡んでいると、私は推測しています。草案のなかに天皇の意に沿わぬ規定があったため、草案を店晒《たなざら》しにすることで、自らの意志を実現しようとしたという見方です。明治天皇は、京都で昔風の葬儀をしたいとか、陵は京都にといった希望を、周囲に漏らしていました。ところが草案では、大喪は東京で催され、陵も東京に築かれることになっています。明治が終わった直後の新聞報道では、大喪などの皇室令について、明治天皇が「朕に適用される令だな」と言ったので、宮内大臣が恐懼《きょうく》したといった話も出ています。内容が内容だけに、どうしても成立させて欲しいと天皇に無理強いし難い法令であったことは間違いなく、いわばその点を利用した明治天皇の高等戦術という解釈です。

その当否はひとまず措《お》くとしまして、こうしたこともあり、明治の終わりは、法的整備が完了する前に訪れたのでした。これに対し、天皇の病によって大正一〇年より摂政を置いていた大正の終わりは、準備する時間的な余裕があり、その末年に関連法令が一挙に公布されたのです。

――明治という時代を考える上で、明治天皇がキーパーソンのひとりであることは分かりましたが、明治天皇は一言で言うとどんな方だったのですか？　お話のなかでは、陵の位置にこだわるといったことぐらいしか出てこなかったので……。

一言では難しいですね（笑）。六〇年ほどのそう長くはない生涯ですが、密度が濃く、また事跡が細かいところまで分かっていることから、かえって簡単には言いにくいところがあります。まあ、一番の魅力は、その生涯を追っていくと、天皇として成長していく姿を見て取れるところでしょうか。若い頃は勤勉というほどでもなかったのですが、経験を積んでいくなかで、自らを律しながら立憲君主としてのあるべき姿を模索していきます。しかしコチコチの堅物でもないところとか。

それで思い出しました。よく勘違いしている方がいますが、立憲君主とは、内閣や議会にすべて任せてなにもしないものではありません。さまざまな局面で意見を述べたり、諸機関を仲介したりすることで、憲法の運用の中核を担う存在なのです。ベルギーなどでは、民族や言語の問題が紛糾した際など、いまでも国王がテレビを通じて国民に呼びかけることがあるようです。そしてだからこそ、すぐれた立憲君主たることは難しいのです。

明治天皇に興味を持ったら、各種の伝記が出ているので読んでみてください。なんといってもおすすめは、この連続講義にも登壇された西川誠先生の『明治天皇の大日本帝国』（講談社学術文庫、二〇一八）です。

急だった明治天皇の死

明治天皇の容態が突然に発表されたのは、明治四五（一九一二）年七月二〇日の午後でした。『官報』号外に掲載された容態書は次の通りです。少々難しいかも知れませんが、細部ではなく、雰囲気を知ってもらいたいので、あえて現代語訳せず、そのまま掲げます。

天皇陛下は、明治三十七年末頃より糖尿病に罹《かか》らせられ、次《つい》で三十九年一月末より慢性腎臓炎御併発、爾来《じらい》〔それ以来〕御病勢多少増減ありたる処、本月十四日御腸胃症に罹らせられ、翌十五日より少々御嗜眠《しみん》〔睡眠状態〕の御傾向あらせられ、一昨十八日以来、御嗜眠は一層増加、御食気《しょくき》減少、昨十九日午後より御精神少しく恍惚《こうこつ》の御状態にて、御脳症あらせられ、御尿量《おんにょうりょう》頓《とみ》に甚《はなはだ》しく減少、蛋白質《たんぱくしつ》著しく増加、同日夕刻より突然御発熱、体温四十度五分に昇騰《しょうとう》、御脈百〇四至、御呼吸三十八回、今朝御体温三十九度六分、御脈百〇八至、御呼吸三二回にして、今二十日午前九時、侍医頭《じいのかみ》医学博士男爵岡玄卿《おかげんけい》、東京帝国大学医科大学教授医学博士青山胤通《あおやまたねみち》、東京帝国大学医科大学教授医学博士三浦謹之助《みうらきんのすけ》、拝診の上、尿毒の御症たる旨、上申せり。

驚いた人も多いのではありませんか。『官報』という政府の機関紙によって、この詳しさで毎日、それどころか日に何度も、容態を克明に伝えていきます。戦前の天皇は現人神《あらひとがみ》だったはずだから、病状は隠蔽されたはず——そんな風に思っていた方、まったく違いましたね。隠すどころか過剰なまでの「情報公開」がそこにはありました。

自分の思っていたことと史料とが食い違ったら、自分の方が間違っていると考えるのが、歴史学のイロハです。思い込みが史料によって覆った、いったい自分はどこを間違っていたのだろうか、と考えていくのです。そしてこれによって歴史のお勉強は、歴史学の研究へと一歩踏み出すことができます。なぜなら、それは、歴史家と言われる人びとが日頃している作業と同じものだからです。

話が逸《そ》れました。ただこの時の「情報公開」が先例となり、大正・昭和でも細部にわたり容態の公表がなされていきます。たとえば、私が「下血」という言葉を知ったのは、昭和末期の報道を介してでした。人間の尊厳という点から言って、こんなことまで必要かどうか、考える時期に来ているように思います。

虚偽の時刻を発表した理由

明治末年、メディアの王様は新聞でした。新聞各紙は、宮内省の発表に独自取材を加えて紙面づくりをしていきます。しかしそうした状況もすぐに次の段階へと移ります。容態公表から一〇日ほどで明治天皇が亡くなったためです。

明治天皇は七月三〇日午前零時四三分に亡くなった、と公表されました。しかし当時の西《さい》園寺公望《おんじきんもち》内閣で内務大臣を務めていた原敬《はらたかし》の日記などから、実際にはその二時間ほど前に亡くなったことが知られています。政府は虚偽の死亡時刻を公表したことになります。

どうしてわざわざそんなことをしたのか、気になりますよね。これは、そのすぐあとに続く行事、具体的には践祚と改元を、同日中に済ますための方便でした。実際の死亡時刻である夜の一一時近くになって践祚と改元に着手すると、いくら万端の準備をしておいたとしても、どこかで日付をまたいでしまう公算が極めて高い。そうなると、「天皇が亡くなられたときは、跡継ぎが直ちにその位を受け継ぎ、歴代天皇の三種の神器を継承する」という規定（皇室典範第一〇条）の「直ちに」（原文は「即《すなわ》ち」）との整合性が問題となりかねない。また実務上はどちらの日から改元するかという問題が生じます。これらを避けるため、死亡時刻をずらす方法が採られたのです。

このように、天皇の死は、それがほかならぬ天皇のものであることにより、常に政治的な決断を経た政治的な死となっていきます。その点が、国民多くの死と決定的に異なる点と言えるでしょう。もっともこれは日本の天皇に限ったことではなく、君主という存在には常につきまといます。一例を挙げますと、一九三六年に亡くなったイギリス国王のジョージ五世は、尊厳死だったことが知られています。それがなぜその時刻に行われたのかという理由として、メディア対策だったという説があったりします。夕刊紙ではなく日刊の一流紙で最初に報道されるよう、時間を調整したというのです。

践祚

明治はこうしていささか唐突に終わりました。天皇の生理的次元と直結しているので、こうしたこともあるわけです。では、この時のために準備してきた諸行事はどうなったのでしょうか？　それらを手短に見ていくことにしましょう。参考までに表2を掲げておきます。明治が終わってからの諸行事は、次の天皇が行うので、大正天皇の行を中心に見てください。

まずは天皇が亡くなると「直ちに」行われる践祚《せんそ》。七月三〇日の午前一時より、宮中三殿の賢所《かしこどころ》にて岩倉具綱《ともつな》掌典長が祭典を行いました。次いで皇霊殿《こうれいでん》と神殿《しんでん》でも同様に行います。ただし天皇はこちらではなく、同時刻に行われた剣璽《けんじ》渡御《とぎょ》の儀の方に出ていました。皇室典範第一〇条の「歴代天皇の神器を継承する」の部分です。いわゆる三種の神器のうち、天皇の居住空間にある「剣璽の間」に置かれた剣（宝剣）と璽（神璽《しんじ》、この場合は勾玉《まがたま》）に加え、国璽《こくじ》と御璽《ぎょじ》を新天皇に移す儀式です。国璽とは「大日本国璽」と刻まれた印で勲記《くんき》に押す時に使い、御璽とは「天皇御璽」と刻まれた印で、法律などに押すものです。なお、三種の神

	践祚	即位の礼	大嘗祭	陵
孝明天皇	弘化3(1846)年 2月 京都	弘化4(1847)年 9月 京都	嘉永元(1848)年 11月 京都	後月輪東山陵 京都
明治天皇	慶応3(1867)年 1月 京都	明治元(1868)年 8月 京都	明治4(1871)年 11月 東京	伏見桃山陵 京都
大正天皇	明治45(1912)年 7月 東京	大正4(1915)年 11月 京都	大正4(1915)年 11月 京都	多摩陵 東京
昭和天皇	大正15(1926)年 12月 神奈川	昭和3(1928)年 11月 京都	昭和3(1928)年 11月 京都	武藏野陵 東京
明仁天皇	昭和64(1989)年 1月 東京	平成2(1990)年 11月 東京	平成2(1990)年 11月 東京	

表2　関係する践祚・即位の礼・大嘗祭・陵

器のもうひとつである鏡は、宮中では賢所に置かれています。

　行事が執り行われた宮中三殿や「剣璽の間」に、入ったり近づいたりする機会を得られる人は僅《わず》かでしょう。私もありません。ただ写真や映像で公開されているものもあるので、少しは雰囲気を知ることができます。また剣璽は、天皇とともに動くこと（動座《どうざ》といいます）とされていたため、皇居以外でも、天皇が長期滞在する可能性のあった建物には、「剣璽の間」が設けられたものもありました。明治三二年に造営された日光にある田母《たも》沢《ざわ》御用邸もそのひとつです。ここは昭和二二年に廃止され、現在は日光田母沢御用邸記念公園という栃木県の施設となって公開されているので、「剣璽の間」を、間近で、とまでは行きませんが、かなり近くで見ることができます。日光東照宮のそばにあります。

話を七月三〇日に戻します。広い意味での践祚はもうしばらく続きます。午前一〇時より宮中正殿にて践祚後朝見《ちょうけん》の儀がはじまります。朝見とは、天皇や皇后に拝謁すること。文武の高官や有爵者などの前に天皇・皇后が姿を現し、勅語がありました。今回のことは哀痛極まりない。しかし皇位は一日も空けてはならず、国政は片時も廃してはならないので践祚した。続いて維新以来の歴史を振り返り、未曾有《みぞう》の時代であったとします。そうした先帝の遺業を失墜しないよう自らも期すので、官吏はこれまで通りに仕え、臣民は忠誠に励んでほしいというのが要旨です。宮中三殿の行事はこのあともう二日続きますが、践祚はひとまずこれで終了となりました。

改元

践祚が一段落したら改元です。改元はその日のうちに枢密院に諮《はか》られました。その時点ですでに大正、天興、興化の三案に絞られており、そのなかから大正が選ばれました。そして「先帝ノ定制ニ遵《したが》ヒ、明治四十五年七月三十日以後ヲ改メテ大正元年ト為《な》ス」との詔書が出されます。

「先帝ノ定制」とは、「一世一元」の採用を宣言した明治改元の詔書のことですが、二つの詔書をよく見比べると、いくつかの違いがあります。明治改元の詔書が漢文であるのに、大正改元の詔書は漢文脈の和文であることもそのひとつですが、最大の違いは、いつから新元号になるのかという点でしょう。大正元年は、いま述べた通り、七月三〇日以降で、その前日までは明治のままという扱いですが、明治改元の方には、「慶応四年を改めて明治元年と為す」とあることから、その年のはじめから明治元年とすると解せます。よって、厳密な言い方をすれば、慶応四年三月とか、大正元年三月というものはないことになります。

実はこういった解説は、この頃の新聞紙面によく載っていて、私はそれで知りました。これまで体験したことのない事態にどう対応したらよいのか、それを模索するなか、識者に意見を求め、それを連日伝えているからです。そうしたなかには大正のいわれもあります。『易経』のほか、『春秋公羊《くよう》伝』なども典拠に挙げられています。

大喪と天皇陵

次に大喪を見てみましょう。

八月一日、河村金五郎宮内次官が、大喪を東京の青山練兵場で行うこと、陵は京都府紀伊郡堀内村の桃山城址に内定していることを公にしました。この早い公表に、葬儀日程の都合があったのはもちろんですが、それとともに、陵を誘致する運動が発生していたため、機先を制する意味もあったようです。その帰趨《きすう》はのちほどお話しします。

では、実際の大喪はどのように執り行われたのでしょうか？　基本的には、制定に至らなかった皇室喪儀令の草案に準拠しつつ、今回限りの措置を適宜取り入れて行われたものと見られます。それが可能だったのは、一度きりですが、明治になって大喪レベルの経験があったからです。孝明天皇の女御《にょうご》であった英照皇太后が明治三〇（一八九七）年に亡くなり、そのときの経験と反省を活かしたのです。そもそも皇室喪儀令の草案自体、そうした成果の上につくられたものでした。

英照皇太后のときは、大喪使というものを宮中に設け、その長官となった有栖川宮威仁《ありすがわのみやたけひと》親王を喪主に、宮内省の式部官らが玉串を捧げ拝礼する方式で行われました。普通いうところの「神式」で、政府はこれを「古式」と呼びました。この際に、大喪は「仏式」ですべきだという運動が一部にあったことから、結果的に政府はそれを否定して「古式」を採用した恰《かっ》好《こう》になります。場所は京都の大宮御所が選ばれました。そのため、柩《ひつぎ》は東京から鉄道で京都に運ばれ、大喪を営んだのち、泉涌寺の山内にある孝明天皇陵の傍らへ葬られます。

明治天皇のときも「古式」で行われました。宮中に大喪使が設けられて取り仕切ったところも同じです。総裁は伏見宮貞愛親王《ふしみのみやさだなる》。しかし大喪の会場は京都でなく、東京の青山。現在の明治神宮外苑《がいえん》、聖徳記念絵画館のあたりです。乃木希典《のぎまれすけ》夫妻が自死したのは、その葬列の出発にあわせてのことです。大喪を終えた柩は鉄道でそのまま伏見まで運ばれ、埋葬されました。皇室喪儀令がどちらも東京を想定していたところからすると、ともに京都だった先例より「半歩」ほど皇室喪儀令に近づいたと言えるかもしれません。費用は国費より支出され、その審議のため臨時議会が開かれました。

実はここで述べたようなことは、大喪の全体からすると、外から様子がうかがえる極一部に過ぎません。皇室喪儀令の附式には、これ以外にもさまざまな儀式が掲げられており、当事者には相当な負担となることが、容易に想像されます。明仁天皇も「おことば」のなかで、次のように語っています。なお、明治から大正の際に草案をもとに行ったように、昭和から平成の際には、廃止されたこれらの法令を参照しつつ、適宜改編して実施されました。

天皇の終焉に当たっては、重い殯《もがり》の行事が連日ほぼ二カ月にわたって続き、その後喪儀に関連する行事が、一年間続きます。その様々な行事と、新時代に関わる諸行事が同時に進行することから、行事に関わる人々、とりわけ残される家族は、非常に厳しい状況下に置かれざるを得ません。こうした事態を避けることは出来ないものだろうかとの思いが、胸に去来することもあります。

「生前退位」によって、こうした負担は、幾分か緩和されることでしょう。

明治天皇となる

ここまでもっぱら幹に注目して話を進めてきました。ほかにも関連する事柄はいろいろとあります。たとえば、天皇が践祚したように、皇后には立皇后式などがありました。また恩赦も実施されました。明治憲法の第一六条に規定された天皇の大権事項です。監獄の収容力とそれを増強するための予算には制約があることから、恩赦によって調整をはかっていたことが知られています。なお、恩赦は、日本国憲法下ではその第七条で天皇の国事行為となっています。

そうしたなか、ここで触れておいた方がよいのは、天皇の呼び名についてでしょう。

今日では在世中から明治天皇と呼ぶことが定着しています。本講でも便宜的にそうしてきました。しかし在世中からそのように呼ばれていたのでないことは、いまと同じです。そして亡くなると、いったん大行《たいこう》天皇と称されるようになることは、皇室に関するいくつかの法令から、分かっていました。ただし大行天皇という難しい言い方がされるのは稀《まれ》で、普通は先帝《せんてい》と言われていました。また、大行天皇の時期を経て、その後に正式な号が定められることも、法的根拠は曖昧なものの、間違いないことでした。それはどんなものになったのでしょうか？

我々は解答を知っていますし、もはや慣れ親しんでいるのでなんとも感じませんが、明治天皇というのは、さきに触れた光格天皇の時に復活した先例を、さらにもういっぺん変化させた、まったく新しい呼び方でした。明治は、天皇の行跡に因《ちな》んでつけられた「謚号」ではありません。強いて言えば「追号」になるのでしょうが、地名などではありません。しかもそれに天皇が合わさります。明治天皇というこの異例の呼び方は、当時の新聞における解説の言葉を用いれば、先例を超越して新に範を拓いたものであり、実にモダンなものなのです。「一世一元」の制により、元号の時期と天皇の在位期間とはほぼ完全に重なりました。そして「終身在位」により、天皇の死とともに明治は終わりました。そうした時代をいうのに、

「明治聖代」や「明治聖世」という言葉が好まれたように、明治は「聖天子」の「御代」とか「治世」と見られていました。すると、そうした天皇へ贈る名として、明治という言葉以上に相応しいものを見つけることは極めて難しくなってきます。

その選定に関与した股野琢《たく》という人物は、適当な文字は大概つけられてしまっており、神聖天皇や光烈天皇などの案は退けた、と語っています。しかし生半可な文字を選べなかったのは、明治というこれまでにはなかった異例の競争相手があったからにほかなりません。「一世一元」と終身在位という、明治にはじまった新たな制度に、なによりも適した呼び名が明治だったのであり、先例にとらわれなくてもよいとの決心さえつけば、それがもっとも簡単でもありました。また無理にほかの文字を選んだところで、結局は明治天皇に圧倒されるだろうとの見方も有力でした。こうして明治天皇が生まれました。「一世一元」の制は、明治という元号の名を天皇に贈ることによって、完成したと言えるかもしれません。

即位の礼と大嘗祭

再び幹に戻りましょう。即位の礼と大嘗祭です。ただこのあたりになると、明治の終わりというよりも、大正のはじまりという面が圧倒的に強くなってきます。授業時間も残り少なくなってきたので、今度こそ手短にまいりましょう。

当初は大正三（一九一四）年秋に予定されていました。しかしその年の四月に明治天皇の皇后である昭憲皇太后が亡くなったため、翌年に延期して実施されました。

即位の礼・大嘗祭ともに京都で行われました。明治天皇の大嘗祭が史上はじめて東京で開催されたことからすると、元に戻った形になります。これも明治天皇の意志によるものでした。そして登極令に基づいて、即位の礼と大嘗祭が一続きのものとなり、前者が一一月一〇日、後者が一四日から一五日という日程になりました。これが新例であることは、表2を見ると一目瞭然でしょう。そのようにした理由は、京都に二度行くことの手間と費用であると、立案者は枢密院で説明しています。京都で実施するためのやり繰りで一続きになった面が大きいわけです。二〇世紀前半の現実に適合した合理的な改編ではあるでしょうが、必ずしも芳しい評価ばかりではありませんでした。貴族院書記官長として参列した柳田国男は、両者を切り離し、即位の礼は京都でなく東京で開くよう提言しています。

明治を回顧して大正に臨む

以上、幹を中心に、若干の枝葉を交えながら、明治の終わりを見届けてきました。しかしこれらは、法令の整備こそ追い付いていなかったものの、基本的にはすべて予定された諸行事です。しかし当然ながら、明治が終わったことに対してはそれ以外にもさまざまな反応があり、感情の発露があって、事件や運動が起こります。その諸相を見ていきましょう。

明治の終焉とともに溢《あふ》れ出たのは、明治への回顧でした。メディアの中心を占めていた新聞・雑誌・図書などの活字メディアには、明治を語る試みが乱舞します。終わったところで語るというタイミングのせいか、明治の歴史に言及するものが多く、そこには典型的なパターンがありました。維新を皮切りに、憲法と議会、日清・日露の戦争と日韓併合などに言及し、東洋初といった言葉を織り交ぜながら、要所要所で明治天皇に言及するというものです。明治の歴史とはとりもなおさず明治天皇の歴史であり、大日本帝国発展史にほかならないという歴史認識です。そしてそれは同時に「われわれの時代」であるとされていました。今日の日本をつくり上げたのは自分たちであり、明治天皇とともにつくってきたのだ、と。

こうした明治という時代に自らの軌跡を重ねる態度は、その当時、広く見られました。著名な例を挙げれば、乃木希典や夏目漱石《そうせき》などがそうでしょう。乃木希典が、明治天皇に殉じて自死したことは、明治以後に生き続けることを拒否することで、明治という時代と肉体的にも一体化しようという企てであったと言えます。それに強く衝撃を受けた夏目漱石は、自

夏目漱石（この有名な写真は明治天皇の大喪の当日、すなわち乃木希典が自刃した大正元年9月13日に撮影された）

らそうした行為に出ることはありませんでしたが、小説『こゝろ』（大正三年）のなかで、主人公の「先生」を「明治の精神」に殉死させます。そうした「われわれの時代」であった明治のあとに来るのは、将来に対するぼんやりとした不安でしょう。そしてそれは、漱石の言葉を借りれば、「時勢の推移から来る人間の相違」（『こゝろ』）によってもたらされるものでした。明治に区切りが来て、その歴史をきれいに、そして「われわれの時代」と語れたからこそ、そのあとが気がかりになってくるのです。

しかしそうした歴史／将来像だけがすべてだったわけではありません。明治の歴史に栄光を認めつつも、やがてその挫折や閉塞《へいそく》が訪れたという見方も、なかなか有力でした。石川啄《たく》木《ぼく》の「時代閉塞の現状」（明治四三年）という、いまではよく知られた論説は、そうした感覚を鋭く示したものでしょう。

さらにもっと明治にきびしい議論も登場します。たとえば『第三帝国』です。「第三帝国」

といってもナチズムとは関係なく、大正二（一九一三）年に創刊され、二年ほどで廃刊した雑誌です。そこでは、明治は国家至上主義的な負の時代として描かれます。「第一帝国」は明治維新までの日本で、「第二帝国」が明治、そして来るべき「第三帝国」は、そうした明治とは違った脱植民地的にして民主的な帝国と位置づけられているのです。

「第三帝国」は現実ではなく、目標であり願望です。しかしそれ故に、『第三帝国』に集った人びとにとって、「第二帝国」の明治ではなく、「第三帝国」こそが「われわれの時代」となるのです。かれらは、明治が終わったからこそ、そのあとの大正になにがしかの変化を期待します。そんな時にしばしば使われたのが、「大正維新」という言葉です。そしてこの言葉は、「第三帝国」などの発想とは逆の方向からも、すなわち栄光の明治維新を再現すべしという観点からも使われることで、大正初期に一種独特の雰囲気をつくりだしました。大正元年末に発火した憲政擁護運動も、そうした雰囲気なくしては、あそこまで大規模なものにはならなかったに相違ありません。

ところで、夏目漱石と『第三帝国』とでは、明治との距離感がまったく違います。乃木希典を加えれば、その差はさらに大きくなるでしょう。しかしかれらのこうした態度は、いずれも明治が終わったことで掻《か》き立てられたものです。このタイミングで明治が終わらなければば、考えることすらなかったかもしれないことを考え、そのことに悩んだり、望みを持ったりしたのです。この時機でなければ、「終身在位」でなければ、あるいは「一世一元」でなければ……そんな問いかけを、頭のなかでこっそりしてみるのも、たまには、良いかもしれません。

明治神宮の出現

明治の終わりに関して、おそらくもっとも予想外の結末を生んだのは、東京の実業家を中心とした動きでした。

明治天皇の容態が公表されはじめると、国民の「自粛」で消費活動が停滞し、景気が悪化しました。夏目漱石は、七月二〇日の日記に、天子の病は同情に値するが、その病気に害を与えない限り、営業は続けるべきであり、当局はそれに干渉がましいことをすべきではない、と書きつけています。漱石ですらそう感じたぐらいですから、経済人の危機感は相当なものでした。かれらは行動を起こします。たとえば、原敬内務大臣のもとを訪れ、不景気を解消するための手段を取ってくれるよう、申し入れたりしています。

そうしたかれらは、明治天皇が亡くなると、「明治天皇の陵を東京に」という目標を掲げた運動を開始します。東京遷都を実行した明治天皇の陵が東京にないのはおかしい、という理由でした。ところが、すでに話した通り、陵は京都の伏見と決定しました。しかしかれらは諦めることなく、「明治天皇を祀《まつ》る神社を東京に」と目標を修正し、運動を展開していきます。明治神宮として結実するプロジェクトの発端です。それについては随分と前になりますが、本で書いたことがあるので、詳しく知りたい方はそちらを参照してください（山口輝臣『明治神宮の出現』吉川弘文館、二〇〇五）。なので、ここでは一点だけ強調しておきます。それは、もともと国としては、明治神宮など、これっぽっちも必要ないものだったということです。

天皇が亡くなると、遺体は陵に、霊は宮中三殿の皇霊殿におさまることで、完結していました。法令ではそれしか規定されていません。しかし東京に明治天皇の陵が置かれないことへの同情と、明治天皇を記念する諸事業を外苑に取り込んだ計画の巧みさ、そして運動に関わった人びとの力量と熱量により、明治神宮がつくられていくことになります。

ただ、もし明治天皇陵が東京に置かれていれば、明治神宮はなかったと言って、おそらく間違いないでしょう。最初の時点での運動の目標が実現してしまうわけですから。大正天皇を祀る神社がつくられなかったのも、天皇陵が東京に置かれた点が大きいと考えられます。

ところで、陵が東京でなく京都になったのは、明治天皇の意志によるものでした。政府がつくった草案では東京となっていましたね。すると、春秋の筆法というか、風が吹けば桶屋《おけや》が儲《もう》かる式の言い方をすれば、明治天皇が明治神宮を造らしめたと言えなくもありません。まあ、個人的にはこうした言い方はあまり好きじゃないんですが……。

いずれにしろ、明治神宮は、明治の終わりの準備作業に携わってきた誰もが予期しなかったものであるのは確かでしょう。なので、明治の終わりがもたらしたもっとも予想外の事態はなにかと聞かれれば、私なら、明治神宮の出現と答えます。最近では、明治神宮の出現は、神社についてのそれまでの考え方を大きく変えた大事件であったとして、研究者の注目を集めています。もしかするとそれは、明治の終わりに実施された幹となる諸行事よりも、はるかに大きな影響を、今日に及ぼしているのかもしれません。

明治の終わりから見えるもの

どうやら時間も来たようです。あらためて今日の話を要約することはしません。ただ感想めいたことを少しだけ言って、私の話は終わりにしましょう。

明治国家は、「一世一元」と「終身在位」を合わせた仕組みを作りました。これは天皇の死という生理的次元の現象が、ダイレクトに国政に影響を与える制度です。なにせ明治憲法下の天皇は、元首にして統治権の総攬《そうらん》者、陸海軍を統帥する大元帥だったのですから。そのため、思いがけぬ時に思いがけぬ衝撃が発生し、その衝撃を受け止めるための努力が不可欠となります。安定性という面では、やや難がある制度と言えそうです。

このことを前提に、二つほど考えてみましょう。ひとつは、どうしてそうした不安定さを含み込んだ仕組みにしたのか。もうひとつは、そうした不安定性にその後なんらかの対応をしてこなかったのかどうか。

一つ目に関しては、おそらくそうした不安定さ以上の価値を、そこに見出《みいだ》していたという説明ができるのではないでしょうか。それがどんなものであるかは、本日の私の話を眠らずにお聞きくださっていれば、おおよそお分かりになるかと思って、省略します。

二つ目については、意図的に、あるいは結果的に、対応してきたと考えられそうです。大正の終わりについては、大正天皇の容態を早くから国民が共有し、それによって制度的にも心理的にも準備を整えるという形で。昭和の終わりについては、日本国憲法による天皇の役割の縮小という形で。そして来るべき平成の終わりについては、「終身在位」の停止という形で。そこには、思いがけぬ時に起きる思いがけぬ衝撃を、できるだけ制御しようという方向を見て取ることができます。世界的な趨勢と思《おぼ》しきものが、いまや世界中で日本にしかなくなった元号の終わりという場に見出されるのですから、なんともおもしろいことではありませんか。

——明治の終わりに際して、予想外のことが起きたところに興味を持ちました。平成の終わりにもそうしたことは起こるでしょうか？

それをズバリ指摘すると、予想できているということになってしまい、質問と矛盾するのですが……。この質疑応答も本になるので、私の予想が当たったかどうか、のちのち簡単に確かめられることになります。ワールドカップの優勝国予想などとは違って、外すとカッコ悪いので（笑）、ちょっと違った角度から回答してみることにします。

私は、みなさんと同じくらいの年齢で昭和の終わりを体験し、そのときにいろいろと考えたことが、日本近代史を研究するようになったきっかけのひとつです。その時の経験から言うと、平成の終わりをまずはじっくり観察してみてください。そして不思議に思ったことを、いろいろ調べてみてください。そうしているうちに、お勉強から研究へと足を踏み入れているかもしれません。

——今日のお話は、日本に特殊な話であるようにうかがいました。そうした理解でよろしい

でしょうか?

半分はそうで、半分はそうでないかな。確かに君主がいて元号があってなど、いくつかのことが組み合わさってはじめて起きたことの話でした。ほかではなかなかないという点では、特殊な話です。ただ明治の頃にはまだ君主国がたくさんあり、共和国よりもその方がむしろ普通でした。ですから、明治の終わりをどう準備するかについても、しばしば他国の事例が参照されました。たとえば、即位の礼と大嘗祭を京都で行うというアイデアは、ロシアが即位式を、首都のサンクトペテルブルクではなく、旧都のモスクワ(いずれも当時)でしていたことを参考にしています。特殊な話が特殊なまま終わるわけではありません。講義の最後で私がしゃべったことも思い出してみてください。

ところが、ちょうど明治が終わる前後から、君主国は激減していきます。日本の近くでは、韓国が日本に併合されることによって、また中国が辛亥《しんがい》革命によって、君主国でなくなります。それから間もなく勃発した第一次世界大戦を経ることで、ロシア・ドイツ・オーストリアなど、ヨーロッパにおいてもその数を大幅に減らします。いまや君主国は少数派となり、元号を使用している国に至っては日本のみです。

そうしたこともあり、元号によって歴史を描くなど邪道だという考えもあり得ます。さらに進めて、明治史という考え方はおかしいという立場もあってよいでしょう。しかし明治史について言えば、反論も可能です。たとえば、承久史とか慶安史とかとは違うからです。承久年間や慶安年間などとは異なり、さまざまな仕掛けと社会の変化もあって、明治時代は、「明治を生きている」と、庶民までもが強く意識し、そのことが人びとの思考や感情のなかに突き刺さっていた時代だからです。そうした最初の元号が明治だからです。明治時代に生きていた人びとの感覚に少しでも近づこうとするなら、明治史という手法があっても良いし、むしろそれなしでは難しい——いまのところ私はそう考えています。

講義の後に

維新一五〇年を当て込んだように見えながら、中身はまったくそうでないこの本をつくったきっかけは、小林和幸編『明治史講義【テーマ篇】』（ちくま新書、二〇一八）でした。二〇人の専門家による明治史の通史です。

せっかく教科書になりそうな書物を友人たちとつくったので、それを使って授業をしようと、はじめは考えました。しかし内容は結構難しく、自分がうまく使いこなす姿が思い浮かびません。それなら発想を逆転させて、書いたご本人たちに来て話をしてもらってはどうかと思い、連続講義を企画しました。

準備作業は楽ではないものの楽しいもので、それを進めていくうちに、大人の事情もあり、『明治史講義』の弟分となるような、より広い人たちに向けた明治史の入門書をつくろうとの話がまとまりました。主に高等学校の生徒さんや教員の方がたを念頭に置きながら、明治という時代が気になるすべての人たちに向けた本です。

でも、それをどうやって実現していくか、と悩んだ末に、講師が原稿を書き下ろすのではなく、連続講義で実際に話した内容を、そこでの質疑を含めて収めることで、読み応えはありながら、分かりやすく臨場感のあるものにできるのでは、と閃《ひらめ》きました。そして、明治史に関する素朴でありながら本質的な質問に、第一線の研究者が正面から答える形式で講義をしてもらえば、これまでなかったような授業、ということは、これまでになかった本になるのでは、と考えました。こうしたアイデアをもとに、本書はつくられました。

もとになった連続講義は、二〇一八年度Sセメスター（夏学期）に、東京大学教養学部の前期課程、すなわち一年生・二年生用に私が担当した「近現代史」という科目のなかで行われました。駒場Iキャンパスの五一三教室で金曜日の二限に開講した授業です。無茶ぶりというべき難しい課題の講義を快く担当してくださった各先生、そして熱心に受講し、活発に質問してくれた学生諸君に、こころより感謝申し上げます。また講師の話し方の癖まで再現するほど見事に録音を起こしてくれた内田雅子さん、そして企画の立ち上げから最後まで、有益な助言をいただいた上に、連続講義にもほぼ皆勤してくれた、ちくま新書編集部の松田健さんにも、あらためて御礼を申し上げます。

最後におまけを二つ。この本をきっかけに、もっと勉強を進めたいと思った方は、次になにを読んだら良いか、迷うかもしれません。本書の兄貴分にあたる『明治史講義【テーマ篇】』の各章には、厳選された参考文献表が付いています。そちらを手はじめにしてみてはいかがでしょう。

もう一つ。「東大駒場連続講義」とうたっていますが、実際には行われなかった「エア講義」も混じっています。分かりますか？

明治から三つ目の元号の最後の九月に

山口輝臣

編・執筆者紹介

山口輝臣（やまぐち・てるおみ）【編者／講義の前に・第一講・第七講・講義の後に】
一九七〇年生まれ。東京大学大学院総合文化研究科准教授。東京大学大学院博士課程修了。博士（文学）。専門は日本近代史。著書『明治国家と宗教』（東京大学出版会）、『明治神宮の出現』（吉川弘文館）、『天皇の歴史9　天皇と宗教』（共著、講談社学術文庫）、『戦後史のなかの「国家神道」』（編著、山川出版社）など。

＊

久住真也（くすみ・しんや）【第二講】
一九七〇年生まれ。大東文化大学文学部准教授。中央大学大学院博士後期課程修了。博士（史学）。専門は日本近世・近代史。著書『長州戦争と徳川将軍——幕末期畿内の政治空間』（岩田書院）、『幕末の将軍』（講談社選書メチエ）、『王政復古——天皇と将軍の明治維新』（講談社現代新書）など。

落合弘樹（おちあい・ひろき）【第三講】
一九六二年生まれ。明治大学文学部教授。中央大学大学院博士後期課程退学。博士（文学）。専門

は幕末・維新史。著書『明治国家と士族』（吉川弘文館）、『西郷隆盛と士族』（吉川弘文館）、『秩禄処分――明治維新と武家の解体』（講談社学術文庫）など。

西川 誠（にしかわ・まこと）【第四講】
一九六二年生まれ。川村学園女子大学教授。東京大学大学院博士課程中退。専門は日本近代史。著書『天皇の歴史7 明治天皇の大日本帝国』（講談社学術文庫）、『日本立憲政治の形成と変質』（共編著、吉川弘文館）、『山縣有朋関係文書』全三巻（共編、山川出版社）など。

小林和幸（こばやし・かずゆき）【第五講】
一九六一年生まれ。青山学院大学文学部教授。青山学院大学大学院博士後期課程退学。博士（歴史学）。専門は日本近代史。著書『明治立憲政治と貴族院』（吉川弘文館）、『谷干城――憂国の明治人』（中公新書）、『「国民主義」の時代――明治日本を支えた人々』（角川選書）、『明治史講義【テーマ篇】』（編著、ちくま新書）など。

千葉 功（ちば・いさお）【第六講】
一九六九年生まれ。学習院大学文学部教授。東京大学大学院博士課程修了。博士（文学）。専門は日本近現代史。著書『旧外交の形成――日本外交 一九〇〇～一九一九』（勁草書房）、『桂太郎――外に帝国主義、内に立憲主義』（中公新書）、『桂太郎関係文書』（東京大学出版会）など。

chikuma primer shinsho

ちくまプリマー新書 312

はじめての明治史《めいじし》　東大駒場連続講義《とうだいこまばれんぞくこうぎ》

二〇一八年十一月十日　初版第一刷発行

編者　山口輝臣（やまぐち・てるおみ）

装幀　クラフト・エヴィング商會

発行者　喜入冬子

発行所　株式会社筑摩書房
東京都台東区蔵前二‐五‐三　〒一一一‐八七五五
電話番号　〇三‐五六八七‐二六〇一（代表）

印刷・製本　株式会社精興社

ISBN978-4-480-68338-0 C0221　Printed in Japan